VENEZUELA:
¿MÁS DEMOCRACIA O MÁS POPULISMO?
LOS CONSEJOS COMUNALES Y LAS DISPUTAS SOBRE LA HEGEMONÍA DEMOCRÁTICA

Venezuela:
¿más democracia o más populismo?
Los Consejos Comunales y las disputas
sobre la hegemonía democrática

Nelly Arenas
Haydée Ochoa Henríquez

Dante Avaro
Daniel Vázquez Valencia
(Compiladores)

t E S E O

Ochoa Henríquez, Haydée
    Venezuela: ¿más democracia o más populismo? : los consejos comunales y las disputas sobre la hegemonía democrática / Haydée Ochoa Henríquez y Nelly Arenas ; compilado por Daniel Vázquez Valencia y Dante Avaro. - 1a ed. - Buenos Aires : Teseo: 2010.
    226 p. ; 20x13 cm. - (Ciencias políticas)

    ISBN 978-987-1354-46-7

    1. Ciencias Políticas. 2. Venezuela. I. Arenas, Nelly II. Vázquez Valencia, Daniel, comp. III. Avaro, Dante, comp. IV. Título
    CDD 320.87

Buenos Aires, Argentina

ISBN 978-987-1354-46-7
Editorial Teseo

Hecho el depósito que previene la ley 11.723

Para sugerencias o comentarios acerca del contenido de esta obra, escríbanos a: info@editorialteseo.com

www.editorialteseo.com

Índice

Presentación

Pocos gobiernos contemporáneos han generado tantas sensaciones encontradas como el de Hugo Chávez en Venezuela. No es para menos, fue el primero en Latinoamérica del llamado bloque de izquierda que se ha conformado con el matrimonio Kirchner en Argentina, Lula da Silva en Brasil, Evo Morales en Bolivia, Rafael Correa en Ecuador, Fernando Lugo en Paraguay y Daniel Ortega en Nicaragua. Además, su peculiar estilo de gobierno, que busca generar presencia y lazos geopolíticos estratégicos, lo ha llevado a diversas disputas, aunque todas ellas de carácter discursivo, hasta ahora, con Estados Unidos. El increíble ingreso proveniente de la renta petrolera le ha permitido disputar al presidente brasileño –Lula da Silva– el liderazgo de la región, hecho que intenta consolidar por medio de la entrada de Venezuela al MERCOSUR como miembro con plena potestad, lo que ha sido pospuesto debido a que el Congreso brasileño no lo ha ratificado.

Sin embargo, hay otro elemento que se presenta tanto de forma coyuntural como estructural, y que da relevancia al gobierno venezolano: el instante en que Hugo Chávez ganó su primera elección. En efecto, luego de iniciada la década de 1980, América latina parecía transitar en medio de dos acuerdos: la llegada de la tercera ola democrática, que implicaba una transición política hacia un régimen democrático liberal, procedimental y representativo, y la política económica neoliberal. Si bien no faltaban críticos para estos dos acuerdos, ambos se impusieron como política pública hegemónica durante las décadas de 1980 y 1990; parecía no haber mucha disputa al respecto.

No obstante, después de dos décadas perdidas, la crisis del tequila proveniente de México en 1995, el efecto Samba y los cambios de dirección de los flujos financieros a partir de la crisis asiática y rusa de 1998 y 1999, lo que antes parecía un acuerdo sólido comenzó a mostrar sus grietas. En ellas se observa lo mismo la crisis argentina de 2001 que las victorias electorales de los partidos de izquierda antes mencionadas, además de los procesos constituyentes de Ecuador y Bolivia o el actual debate en torno a la privatización-estatización de la industria petrolera en México.

Para muchos analistas la victoria electoral de Hugo Chávez, en diciembre de 1998, y el inicio de su gobierno, en febrero de 1999, marcaron un momento de ruptura: su discurso político anticipaba el agotamiento del Consenso de Washington, la inviabilidad del Disenso de Washington y proponía, aunque de manera escueta, contenido para el llamado Consenso de Barcelona.

En este momento, lejos de las certezas, lo que recorre a América latina son varias dudas, preguntas y pronósticos diversos. ¿La (llamada) izquierda latinoamericana cuenta con un modelo económico diferente (más allá de los discursos) al implementado por el neoliberalismo? ¿La izquierda ha reinventado un modelo democrático más allá de la democracia procedimental liberal? ¿Qué tipo de democracia se está construyendo?, ¿con qué actores?, ¿con qué nivel de participación? ¿Cómo la izquierda entiende al gobierno por medio de "políticas"? ¿Existe un modelo de gestión de las políticas públicas diferente de los utilizados en los años anteriores? ¿En qué sentido es prudente afirmar que la izquierda está superando la "pobreza democrática" a través de un combate a la "democracia de los pobres"? ¿Tiene la izquierda un diseño redistributivo diferente a los de programas asistencialistas exitosos como Oportunidades o Bolsa Familia? ¿En qué mares navega la izquierda, qué brújula tiene, qué embates enfrenta, qué persigue, cuál es su ideario?

Guiados por estas preguntas es que surge la iniciativa de recuperar al primer gobierno electo de izquierda de Latinoamérica posterior a la tercera ola democrática y al Consenso de Washington. El objetivo es analizar la forma en que el chavismo ha recuperado y resuelto (políticamente) las tensiones antes mencionadas, tomando como unidad de análisis a la democracia participativa. En este libro se analiza, con la mirada discordante de dos investigadoras venezolanas, el papel que juega la democracia participativa venezolana a partir de la principal institución a la que el chavismo ha apostado: los Consejos Comunales. Sin embargo, no se debe dejar de lado que el principal debate se encuentra en el intento de dar respuesta a las preguntas antes formuladas. Para ello convocamos a las doctoras Nelly Arenas y Haydée Ochoa. DISTRIBUENDUM A.C. se puso en contacto con ellas en noviembre de 2007; les dimos a conocer la propuesta y aceptaron el reto.

En la primera parte del proceso ambas comenzaron a reflexionar y a escribir en torno a la democracia participativa en el gobierno de Hugo Chávez, dando especial énfasis a la última de las propuestas que integran lo que el chavismo ha llamado el socialismo del siglo XXI: los Consejos Comunales que conforman el poder popular. La primera parte del proceso concluyó en la primera quincena de junio de 2008, cuando ambas doctoras entregaron un documento inicial. Los editores nos dimos a la tarea de leer los manuscritos y formulamos comentarios que fueron atendidos de manera profesional por las investigadoras.

La segunda parte del proceso inició con el intercambio de los documentos entre las investigadoras, a fin de que cada una formulara un comentario a su interlocutora. Esta etapa concluyó con la entrega de los comentarios correspondientes en la segunda quincena de julio.

Finalmente, en la tercera y última etapa del proceso dimos a conocer los comentarios formulados a ambas investigadoras, a fin de que, de creerlo conveniente, realizaran modificaciones a sus documentos originales. Esta etapa concluyó en la primera quincena de agosto.

De esta forma, el texto es producto de 10 meses de reflexión e interlocución entre las doctoras Nelly Arenas y Haydée Ochoa. El éxito del trabajo se sustenta en la recuperación de dos miradas distintas –e incluso encontradas– de un mismo fenómeno social, que muestran la complejidad y tensiones que existen dentro del mismo hecho y que, pese a sus diferencias, entran en un rico diálogo de carácter analítico, crítico y constructivo. Esperamos que nuestros lectores disfruten de este texto de la misma manera que los editores hemos disfrutado su proceso de elaboración, el cual hemos recorrido con ansiedad y entusiasmo.

DA y DVV

El gobierno de Hugo Chávez: democracia, participación y populismo

Nelly Arenas*

1. Introducción

No obstante que la democracia ha alcanzado en los últimos tiempos plena aceptación de las sociedades como ideal para organizar la vida política, las formas representativas que le son consustanciales no gozan de la misma confianza. Un imaginario universal de participación ha sido la respuesta. La democracia participativa es la fórmula que se ha esgrimido como alternativa a los sistemas de representación liberal que hemos conocido. Venezuela no ha sido la excepción y su caso más bien puede mostrarse hoy como uno donde aquel imaginario ha prendido con toda fortaleza, como en casi ninguna otra parte del mundo. La fractura del sistema político, y en particular la crisis de los partidos históricos venezolanos Acción Democrática y COPEI, dio lugar a la emergencia de nuevos actores políticos y a un nuevo proyecto de sociedad. Uno de los rasgos distintivos de este nuevo proyecto ha sido el de la participación, de allí que la Constitución de 1999, en la cual se retrata el nuevo modelo de sociedad a la que se aspiraba, la consagre definitivamente.

Pero, al tiempo que se despliegan esfuerzos en ese sentido, se produce una reconcentración cada vez mayor de poder en el presidente Hugo Chávez, e incluso los diseños de participación más importantes, como los Consejos Comunales, forman parte de

* Investigadora, CENDES-Universidad Central de Venezuela.

una estructura vertical, cuyo pináculo es el Presidente. A las tensiones inherentes a toda representación se ha respondido entonces con más centralismo. Esto explica también la tendencia clara por parte de algunos líderes del gobierno, comenzando por el mismo Chávez, de partidizar estas organizaciones al entenderlas como núcleos básicos de la revolución que se impulsa. Inherente a todo populismo, este fenómeno expresa una ausencia de autonomía de lo social con respecto al Estado, que en este caso se manifiesta de modo contundente. Adicionalmente la democracia participativa no parece trascender los espacios locales, tal como lo evidencian algunas experiencias concretas, de acuerdo con estudiosos de la materia. ¿Qué tipo de participación se genera en condiciones como éstas? es la pregunta fundamental, sobre la que el presente documento pretende aproximar alguna respuesta. Con este fin, el mismo se desarrolla en cuatro secciones: una primera donde se pasa rápida revista del ideal participativo en el mundo; una segunda, en la cual se da cuenta de los mecanismos participativos en Venezuela, particularmente de los Comités Locales de Planificación y los Consejos Comunales; una tercera, en la que se evalúa el contexto político en el cual transcurren dichos mecanismos, y una última donde se discute sobre los alcances de la participación en tal contexto.

2. La democracia participativa como imaginario universal recuperado

La crisis de los sistemas políticos representativos[1] y el desencanto con la democracia liberal en las últimas cuatro décadas ha hecho resurgir[2] la esperanza en nue-

---

[1] Pierre Rosanvallon, quien ha estudiado el sistema democrático en perspectiva histórica, se ha propuesto trascender una visión común que entiende la crisis de las representaciones como una "avería," una "desafección" o como la expresión de la "aparición de elites cada vez más alejadas del pueblo", enfocando el fenómeno como una disfuncionalidad inherente al sistema representativo desde sus orígenes. El problema de la representación democrática reside, según él, en "la distancia entre un principio político –la afirmación de la voluntad general– y una realidad sociológica [...] Al sacralizar la voluntad contra el orden de la naturaleza o de la historia, la política moderna ha confiado al pueblo el poder en el momento en el que el proyecto de emancipación que ella transmitía conducía paralelamente a hacer abstracto lo social, al abolir la antigua sociedad de órdenes y corporaciones. Por eso la contradicción entre el principio político de la democracia y su principio sociológico. El principio político consagra el poder de un sujeto colectivo cuyo principio sociológico conduce a disolver su consistencia y reducir su visibilidad" (Rosanvallon, 2007: 282-283).
[2] Hablamos de resurgimiento porque no olvidamos que la democracia directa o democracia pura como imaginario tuvo fuerte presencia en la Revolución francesa, al exaltar la participación ciudadana, la dedicación a la defensa de la República y la valoración del patriotismo. Sin embargo, tal como apunta Guitian (1998), los excesos del jacobinismo confirmaron los riesgos de este tipo de democracia, de tal manera que al derrumbarse los jacobinos el régimen se organiza como sistema representativo. Como se sabe, no fueron ajenos a aquel imaginario el ideal de democracia griega fundada en

vas formas de ejercicio de la democracia, fundadas en la participación más directa de los ciudadanos en las decisiones de carácter público que hagan posible a éstos, como ha señalado Mc Laverti (2001), tomar parte en los procesos de formulación, travesía e implementación de las políticas públicas. O, como también se ha sostenido, facilitar "la intervención de los individuos en actividades públicas para defender 'intereses sociales' o intereses particulares de la sociedad que no se integran en el sistema tradicional de mediación y articulación política" (García Guadilla, 2006: 38).

Al contrario de lo que pudiera creerse, este *desideratum* no ha estado sólo en el ánimo de sociedades con inmaduros desarrollos democráticos, sino también en el de aquellas donde el árbol de la democracia ha sido más frondoso. Así, por ejemplo, Thomson (2001) registra un distanciamiento de los ciudadanos estadounidenses de sus instituciones representativas ya desde los tempranos años sesenta, frente a lo cual florecieron múltiples organizaciones de base dispuestos a participar en los espacios de representación y decisión públicas. Del mismo modo, en Europa, partidos como el Laborista Británico y el Democrático Liberal adoptaron fórmulas participativas y echaron mano de instrumentos tales como los comités locales, en el primero de los casos, a fin de revitalizar la dinámica de la de-

---

la actuación directa de los ciudadanos en la construcción de la *polis*, ni las ideas de Rousseau sobre la necesidad de una sociedad de iguales bajo el principio de la voluntad general.

mocracia. En todo caso, una disposición positiva hacia la participación es compartida tanto por la izquierda como por la derecha, sobre la base de que ésta crea empoderamiento en la gente, lo que constata la irrupción de los espacios locales como el foco de producción de conocimientos e intervención en el desarrollo (Mohan and Stokke en Mascareño, 2008).

Tanaka (1998) distingue dos generaciones de académicos participacionistas. La primera, cuyo tiempo cronológico se ubica en los años sesenta y setenta, encara las distintas formas de democracia elitista, apelando a esquemas democráticos más "radicales"[3] y volviendo la mirada hacia la tradición más clásica, aunque con matices; la segunda, que data de los años noventa y se encuentra en estado de desarrollo, debate alrededor del anacronismo de la idea de participación, habida cuenta de la complejidad que signa a las sociedades posindustriales, intentando delimitar, en ese nuevo marco, áreas específicas de participación y autonomía. Según el autor, la primera generación perdió "definitivamente vigencia" en vista de las "objeciones"

---

[3] Es el caso de Benjamín Barber, por ejemplo, quien ha planteado la idea de "democracia fuerte", la cual se define por la política al modo participativo que se traduce en el "autogobierno de los ciudadanos más que el gobierno representativo en nombre de los ciudadanos". La democracia fuerte "se apoya en la participación de una comunidad de resolución dinámica de problemas que crea fines públicos donde antes no existían por medio de su propia actividad y de su propia existencia como punto focal en la búsqueda de soluciones mutualistas" (Barber, 1998: 291).

a las ideas participativas desde lo que él denomina "el argumento de la complejidad". Las racionalidades que habitan esa complejidad han dado vida a niveles de especialización tan elevados que las diferentes "dimensiones sociales han adquirido autonomía; cada una moviliza recursos y tiene lógicas particulares [a partir de lo cual] la propuesta convencional de la participación resulta sin sentido [...] La participación sería pertinente en todas las esferas, de la misma manera, con similares mecanismos. En sociedades complejas, esto carece de sentido" (Tanaka, 1998: 64).

La idea de la participación se apropió, no obstante, de las estrategias políticas y de reivindicación social del "tercer mundo" en los últimos treinta años como proceso indispensable para profundizar la democracia o implantar un camino radical que conduzca a la alteración del sistema neoliberal dominante (O' Malley, 2008). Dicho proceso se produjo, sin embargo, independientemente del examen de la complejidad dimensionada por los partipacionistas de última generación referida por Tanaka (1998).

3. Venezuela: de la crisis de la democracia representativa a la democracia participativa

Una de las transformaciones más importantes que experimentó la sociedad civil en Venezuela, desde el reinicio de la democracia en 1958 hasta la celebración del acto constituyente de 1999, fue la aparición de organizaciones y movimientos sociales que nutrieron el escenario sociopolítico con nuevas identidades, maneras de asumir la ciudadanía y proyectos democráticos de sociedad. Dichas organizaciones ganaron legitimidad en el espacio público al sugerir nuevas formas de relación con el Estado, llegando a ser actores e interlocutores del proceso de descentralización política que se planteó con miras a profundizar la democracia (García Guadilla, 2006). Las Mesas Técnicas de Agua y los Comités de Salud, por ejemplo, surgieron estimulados por la movilización y organización de la ciudadanía, que aparejó el proceso de descentralización de estados y municipios (Lovera, 2008).

No obstante, el clímax del imaginario participacionista se produce en Venezuela en el marco del gobierno de Hugo Chávez, antecedido por las ideas que dieron soporte al movimiento que liderara antes de su acceso al poder, el cual tenía en la democracia directa uno de sus postulados más importantes.

En efecto, a principios de los años ochenta, organizaciones emergentes como el Movimiento Bolivariano Revolucionario 200 (MBR-200), conformado en su mayoría por militares descontentos con el estado de cosas imperante, se ocupaban de elaborar planes alternativos con miras a su acceso al poder por vías insurreccionales. Estos planes tenían por base una visión del nuevo tipo de democracia a la que se aspiraba. Así, en los documentos originales de este movimiento se elabora sobre el proceso constituyente, definiéndolo como una acción permanente, de carácter popular, cuya meta era el diseño de un Nuevo Orden Nacional asentado en la formación dinámica y colectiva de la ley y el ejercicio de la democracia directa y participativa (Camejo, 2005). La vía insurreccional prevista informa sobre el desprecio de esta organización por las formas y los contenidos de la democracia liberal. Hugo Chávez, el principal líder del movimiento, lo diría claramente poco antes de tomar la vía electoral: "[...] si a algo le tengo temor es a eso de verme dentro de 20 o 10 años convertido en un gobernador, alcalde o presidente, utilizando lo mismo que tú creías combatir o que de verdad en una ocasión combatiste [...] Siempre se acercan personas creyendo que vamos a hacer lo mismo, a tomar la senda del facilismo, que vamos a inscribir un partido político, que vamos a lanzar una campaña electoral [...]". También señalaría: "Creo que es el fin [...] de un paradigma, la democracia liberal y su época [...]; un gobierno o régimen especial, no puede ser un gobierno producto de elecciones y con acuerdo entre los poderes. Nada que intente superar ese modelo de democracia liberal que para nosotros ya murió, puede provenir de elecciones" (Blanco Muñoz, 1998: 121 y 168).

Uno de los investigadores que ha rastreado el proceso fundacional del movimiento bolivariano, Alberto Arvelo, ha constatado la presencia de varias facciones en su seno. Dos de éstas eran de carácter abiertamente antidemocrático y abogaban por una dictadura militar plena o por la constitución de un partido leninista único; a ellas estuvo más vinculado conceptual e ideológicamente Chávez, según Arvelo (1998). Coexistiendo con una perspectiva de lo político como ésta, se armó el relato de la participación que cristaliza en el discurso del Movimiento Quinta República (MVR), denominación que adquiere el MBR-200 en 1996, cuando su dirigencia decide ingresar a la arena electoral, una vez fracasada la vía del golpe de Estado instrumentada por ésta en el año 1992.[4] Si algún elemento puede catalogarse como fundamental en el discurso de esta agrupación, es precisamente el de la participación fundada en la "organización de todo el pueblo en cada una de las instancias de la vida cotidiana" (Arvelo, 1998: 48). Esto suponía, según el MVR, un "nuevo contrato social" capaz de hacer posible el tránsito de la "democracia gobernada a la democracia gobernante", recurriendo a formas de "democracia directa" –como el sistema del

---

[4] La renuencia a competir electoralmente por parte del movimiento bolivariano tenía doble ascendencia: la del clásico militarismo autoritario latinoamericano inclinado históricamente al golpe de Estado y la de la izquierda en América Latina, negada durante un largo periodo a participar en procesos comiciales, actitud que contrastaba con la izquierda europea la cual, terminada la Segunda Guerra Mundial, se embarcó en la lucha electoral. En Venezuela, el partido Movimiento al Socialismo (MAS), organización que se desprendió del viejo Partido Comunista de Venezuela (PCV), inauguró la práctica sistemática de participación electoral a partir de su fundación en 1971, despojándose del mito de que la misma era un mecanismo que sólo servía como instrumento a las "clases burguesas".

referéndum– de modo que "se logre un equilibrio dinámico y estable entre el Nuevo Poder constituido y la vigencia permanente del Poder Constituyente" (MVR, 1999).[5] Sería al pueblo organizado en asambleas populares, las cuales concentrarían el máximo poder de decisión, a quien correspondería el derecho a nombrar el nuevo gobierno, los nuevos poderes, y a diseñar la arquitectura de un nuevo régimen político dando paso de este modo a su propia autodeterminación. Con ello se pretendía trascender la democracia representativa (Camejo, 2005: 5).

El paso de la democracia gobernada a la democracia gobernante requería no sólo de un nuevo Estado, sino de un nuevo sistema político. En uno de los documentos clave para entender el programa político del bolivarianismo (ya en trance electoral), *la Agenda alternativa bolivariana* (1996: 13), Hugo Chávez diría: "[...] la estrategia bolivariana se plantea no solamente la reestructuración del Estado, sino de todo el sistema político, desde sus fundamentos filosóficos mismos hasta sus componentes y las relaciones que los regulan. Por esa razón hablamos del proceso necesario de reconstitución o refundación del Poder Nacional en todas sus facetas, basados en la legitimidad y en la soberanía [...]". El ideario de la "participación y protagonismo" de la población acompañará este cometido, que se convertirá en uno de los objetivos principales del programa.

---

[5] Extraído de http: www.demopunk.net/sp/intern

Cuando el movimiento bolivariano, condensado en la alianza política que le dio soporte electoral al candidato Chávez, el Polo Patriótico,[6] triunfa en las elecciones de diciembre de 1998, se ha desplegado en el tiempo un lenguaje de la participación que estimuló, sin duda, el reencantamiento de la población con la política. "Los relatos marchan por delante de las prácticas para abrirles un territorio", ha dicho Michael de Certeau. La frase la encontramos en Rosanvallon (2003: 47) y es útil para ilustrar la bienvenida que la población dio en las urnas al relato de la democracia participativa, despejando el terreno para su concreción institucionalizada en la Constitución Bolivariana de 1999.

La escogencia de la vía electoral dibuja, sin embargo, una primera tensión entre la democracia representativa –cuyo medio de existencia es el voto al cual los actores revolucionarios consideraban "manipulador" y "excluyente" (Camejo, 2005: 6-7)– y la democracia directa que se manifiesta insistentemente en la narrativa fundacional. En adelante, participar en los distintos procesos eleccionarios que se van presentando supondrá, de algún modo, cohabitar con dicha tensión.

El nuevo texto constitucional consagra la participa-

---

[6] El Polo Patriótico fue un compuesto heterogéneo de organizaciones partidistas de la izquierda venezolana que agregó desde la posturas y visiones más tradicionales, como la del Partido Comunista de Venezuela, hasta las del Movimiento al Socialismo (MAS), más modernas y reformistas, alrededor del núcleo de oficiales que se adhirieron al movimiento desde sus inicios y protagonizaron los golpes de Estado de 1992

ción y define al gobierno de la República Bolivariana de Venezuela como "democrático, participativo, electivo, descentralizado, alternativo, responsable, pluralista y de mandatos revocables" (Constitución de la República Bolivariana de Venezuela , 1999: artículo 6), reconociendo el "derecho de los ciudadanos y ciudadanas de participar libremente en los asuntos públicos, directamente o por medio de sus representantes elegidos o elegidas. La participación del pueblo en la formación, ejecución y control de la gestión pública es el medio necesario para lograr el protagonismo que garantice su completo desarrollo, tanto individual como colectivo [...]" (Constitución de la República Bolivariana de Venezuela, 1999: artículo 62). Los instrumentos que se crean para lograr los propósitos participativos son, en lo político, el referendo, la consulta popular, la revocatoria del mandato, la asamblea de ciudadanos, entre otros, y en lo social y económico, las instancias de atención ciudadana, la autogestión, la cogestión, las cooperativas y "demás formas asociativas guiadas por los valores de la mutua cooperación y la solidaridad" (Constitución de la República Bolivariana de Venezuela, 1999: artículo 70). Finalmente, la Constitución de 1999 institucionaliza la creación de mecanismos destinados a lograr la descentralización de los estados y municipios y la "transferencia hacia las comunidades y grupos vecinales organizados, los servicios que éstos gestionen, previa demostración de su capacidad para prestarlos" (Constitución de la República Bolivariana de Venezuela, 1999: artículo 184).

3.1. Los Consejos Locales de Planificación Pública

Atendiendo al principio de participación ciudadana se crea la figura del Consejo Local de Planificación Pública (Artículo 182, del Capítulo IV del Poder Público Municipal), que pasa a integrar el sistema nacional de planificación, el cual queda configurado con la aprobación de la Ley Orgánica de Planificación (2001) y la Ley de los Consejos Estatales de Planificación y Coordinación de Políticas Públicas (2002) (Maingón, 2004).

El Consejo Local de Planificación Pública (en adelante CLPP), se concibe como "el órgano encargado de la planificación integral del gobierno local, para lo cual se sujetará a lo dispuesto en la Ley Orgánica de Planificación con el fin de lograr la integración de las comunidades y grupos vecinales mediante la participación y el protagonismo dentro de una política general de Estado, descentralización y desconcentración de competencias y de recursos, de conformidad con lo establecido en la Constitución de la República Bolivariana de Venezuela".

El cuerpo del consejo se conforma con un presidente, que debe ser el alcalde o la alcaldesa, los concejales del municipio, los presidentes de las juntas parroquiales, el o los representantes de organizaciones vecinales de las parroquias respectivas, el o los representantes por sectores de las otras organizaciones, el o los representantes de los indígenas, donde los hubiere.

Entre las razones que se alegaban para su creación

se señalaban, entre otras, "la ausencia de institucionalidad organizacional de la participación ciudadana" y la "presencia de un proceso de anarquía en la formulación presupuestaria municipal y regional por no respetar los lineamientos establecidos en la Ley Orgánica de Planificación. Algunos de los objetivos que se planteaban eran la promoción de la "organización comunitaria y la corresponsabilidad a través de las redes sociales para garantizar la participación protagónica de la sociedad".[7]

Los CLPP despertaron muchas expectativas en la población, porque a partir de ellos se atisbó la concreción de un papel, inédito hasta ese momento, de injerencia de la comunidad en los asuntos públicos que le competen más cercanamente, como son los que se generan en las dinámicas municipales. Sin embargo, a pesar de tener plena vigencia legal y de que los mismos siguen operando, con eficiencia algunos de ellos, la figura ha ido perdiendo su fortaleza original, no sólo en el ánimo de la sociedad, sino también en el propio gobierno, el cual dedicó desde el año 2006 todas sus energías en el sentido de la participación, a los Consejos Comunales, como veremos más tarde.

No son ajenas, nos parece, al bajo perfil que han tomado los CLPP, las deficiencias y problemas que las evaluaciones realizadas sobre éstos arrojan. Ciertos exámenes de experiencias puntuales revelaron algu-

---

[7] Extraído de http://portal.gobiernoenlinea.ve/cartelera/ConsejoLocalPlanificacion

nas de estas dificultades. Tal es el caso del municipio Valera, una de las principales ciudades de Los Andes venezolanos, en el cual, a partir de la aplicación de entrevistas a las autoridades locales y a miembros de la comunidad, se detectó que:

a) a pesar de que tanto las autoridades locales como la comunidad reconocen la existencia del Consejo porque se aprobó la ordenanza de su creación y sus miembros fueron juramentados en sus funciones, aseguran que no participaron de la identificación y priorización de necesidades en el presupuesto actual ni han presentado, ni participado en la ejecución de proyectos a través de esa esfera jurídica.

b) Aún no se habían identificado espacios formales de participación en los niveles de gestión por parte de la autoridad local, en los procesos administrativos en los cuales ésta se hace necesaria.

c) No se estaba cumpliendo con la tarea de información a la comunidad que debían adelantar los CLPP a los fines de asegurar la participación ciudadana en las actividades de planificación, ejecución, seguimiento y control y evaluación de la gestión pública (Rubio, 2005).

Exámenes menos localizados como los de Parra y Barrios (Maingón, 2004: 7-8) reflejaron:

a) falta de voluntad política y disciplina legal por parte de las autoridades estatales;

b) ausencia de información y de un debido proceso de formación, lo que se hace evidente en la resistencia que oponen los funcionarios municipales para instalar los

CLPP, quienes suponen que les están usurpando e interviniendo sus funciones;

c) debilidad e incompetencia de los órganos responsables de promover la participación ciudadana;

d) déficit de compromiso y de coparticipación de los actores sociales y políticos;

e) el proceso eleccionario de los representantes vecinales y sectoriales no es del todo transparente y se dificulta cuando la población parroquial es elevada;

f) tendencia a que los grupos más cohesionados o con mayores recursos sean los elegidos como representantes de la sociedad organizada y, en consecuencia, los únicos que participen;

g) existencia de incentivos perversos para que los gobiernos locales promuevan a los representantes de su preferencia, manipulándose de esta manera el principio de la participación;

h) control excesivo por parte del Ejecutivo, fundamentalmente a través del Ministerio de Planificación y Desarrollo, en la elaboración y aprobación de los planes municipales y, en general, en las decisiones del gobierno local, con lo que se le estaría restando autonomía, no sólo a este nivel de gobierno, sino también al regional.

En la práctica, estos factores se tradujeron en el estancamiento de los CLPP y se detuvo, de acuerdo con voceros del mismo gobierno, "el proceso de empoderamiento de la ciudadanía". Según el promotor del sistema nacional de planificación popular, Miguel de

Gregorio, menos del 10 por ciento de los CLPP estaba cumpliendo con las atribuciones contempladas en la legislación. La responsabilidad de este hecho era atribuida a los alcaldes, quienes, según la voz oficial, terminaron controlando estos organismos. De manera que, terminaba reconociendo David Velásquez, presidente de la Comisión de Participación Ciudadana de la Asamblea Nacional, la organización de las comunidades como núcleo primario del sistema nacional de planificación popular se truncó por ausencia de "voluntad política de los mandatarios locales" (Boitía, 2006).[8]

En este punto es posible detectar otra fuente de tensión francamente abierta entre, otra vez, la democracia participativa y protagónica que la retórica prefigura y la realidad con la que debe confrontarse. En efecto, los alcaldes son elegidos por el pueblo, por lo

---

[8] En realidad, la tensión entre representación y participación ha estado presente en otros países donde se han institucionalizado mecanismos participativos puesto que los mismos tienden a desplazar los espacios de representación, entrando en una arena conflictiva con el sistema político. En una investigación llevada a cabo en 390 municipios de Brasil, Chile, México y Perú, Anderson y Van Laerhoven (2007) muestran la existencia de una brecha entre las reformas de participación y las estrategias reales de poder; el alcalde no se muestra interesado en compartir éste a menos que dichos mecanismos supongan algún tipo de beneficio para el funcionario. Y los beneficios, según estos autores, son de tres tipos: (a) trasmitir una imagen de resolución de problemas frente a la gente, (b) mitigar críticas de la oposición y culpar a otros de los fracasos y (c) compartir costos en la implementación de las actividades.

tanto son representantes del mismo. Los consejeros, miembros de los CLPP, también son elegidos por éste en asambleas populares; no obstante, su designación está expuesta a prácticas que distorsionan su papel, como las que se apuntaron arriba.[9] Entre la participación que se concibe como un *telos* y la realidad con la que aquélla debe tropezarse, se abre una brecha que intenta resolverse afirmando aún más el discurso de la participación directa y afinando los instrumentos para hacerla posible, teóricamente. Es esto lo que se encuentra en la base del protagonismo que tomaron los Consejos Comunales desde el año 2006, en el cual se reforma la ley que rigió a los CLPP, en un esfuerzo de reingeniería del marco legal existente con vistas a enderezar, de acuerdo con el gobierno, los torcidos rumbos de las formas participativas desplegadas a partir de estos cuerpos locales de autoridad pública. Dicha

---

[9] Un dato que no debe ser soslayado en el análisis es que prácticamente todas las alcaldías del país están en manos en este momento del chavismo y lo estaban también en el 2006; esto significa que las prácticas mencionadas no tienen que ver con, por ejemplo, la manipulación de los sectores de oposición para impedir la participación de la gente. Sociólogos del oficialismo invitados por la Asamblea Nacional, para discutir sobre la reforma de la Ley de los CLPP, achacarían las culpas al "proceso de descomposición del Estado democrático representativo [...]", por lo cual debía acatarse "el mandato constitucional con el objeto de transferir el ejercicio del pueblo y la soberanía popular que se ve reflejado en el control de la gestión pública" (Prensa, Asamblea Nacional, 2006. Extraído de www.consejoslocales.org/modules. php, consultado el 24 de enero de 2006).

reforma abre paso a la figura de los Consejos Comunales. En que consisten y que significan estas figuras es el objeto de las líneas que siguen.

3.2. Los Consejos Comunales

Los Consejos Comunales estaban previstos en la ley que crea los CLPP. Según Lovera (2008), una de las bondades de esa ley era que abría un gran espacio para que los Consejos Comunales fueran "sensibles a la diversidad de los municipios y comunidades", a través del artículo 8, el cual obligaba a los CLPP a promover la red de consejos parroquiales y comunales en cada uno de los espacios de la sociedad civil. Por esta razón, debe quedar claro que los Consejos Comunales dependerían directamente de los CLPP. Sin embargo, a apenas cuatro años de creación de los mismos, se dicta una legislación que suprime el artículo mencionado, con lo cual se reduce este espacio de coyuntura entre los Consejos Locales y las esferas intermedias de gobierno, lo que genera un cambio que "interrumpe" los vehículos de comunicación y relación entre los gobiernos locales y sus comunidades con el poder central, "para sustituirlo por un mecanismo que se salta el nivel municipal a fin de establecer una relación directa, sin intermediarios, entre los niveles microsociales con el Ejecutivo Nacional, principalmente con la Presidencia de la República" (Lovera, 2008: 6).

Los Consejos Comunales se constituyen, según

la ley que rige su creación y funcionamiento, "como instancias de participación, articulación, e integración entre las diversas organizaciones, grupos sociales y los ciudadanos y ciudadanas, que permitan al pueblo organizado ejercer directamente la gestión de las políticas públicas y proyectos orientados a responder a las necesidades y aspiraciones de las comunidades en la construcción de una sociedad de equidad y justicia social" (Ley de los Consejos Comunales, 2006: artículo 2).

La institucionalidad de los Consejos Comunales pasa por la creación de una Comisión Nacional Presidencial del Poder Popular designada por el Presidente de la República (Ley de los Consejos Comunales, 2006: artículo 30), la cual a su vez nombrará una Comisión Regional Presidencial del Poder Popular por cada estado, previa aprobación del primer mandatario (Ley de los Consejos Comunales, 2006: artículo 31). Esta última tiene la facultad de conformar una Comisión Local Presidencial por cada municipio, también previa ratificación del Presidente. Remata esta estructura vertical la disposición que obliga a los Consejos Comunales a registrarse ante el último órgano señalado (Ley de los Consejos Comunales, 2006: artículo 20), que es como decir ante la presidencia (*Gaceta Oficial Extraordinaria*, 18-05- 2006).

Los Consejos Comunales están integrados, de acuerdo con la ley, por:

a) Un órgano ejecutivo, conformado por los voceros

(as) de cada comité de trabajo; una unidad de gestión financiera, a la cual se le denomina Banco comunal; y la unidad de contraloría social.

b)   Los miembros de cada uno de estos órganos serán elegidos, mediante votación secreta y directa, por la Asamblea de Ciudadanos (as), dependiendo de su número y de acuerdo con la cantidad de comités de trabajo que se conformen, tales como salud, de tierras, de vivienda y hábitat, mesas técnicas de agua, etcétera.

Los Consejos Comunales tienen un amplio rango de atribuciones. Entre las más importantes se encuentran: aprobar las normas de convivencia de la comunidad, los estatutos y el acta constitutiva del Consejo Comunal, el plan de desarrollo de la comunidad; adoptar las decisiones esenciales de la vida comunitaria, así como la integración de los proyectos con otras comunidades con problemas afines; ejercer la contraloría social, entre otras (Ley de los Consejos Comunales, 2006).[10]

Por el poco tiempo de vida que tiene esta experiencia resulta prematuro evaluar sus resultados y, más aún, presagiar su destino. No obstante, sobre la base de su trayectoria, algunos estudios han puesto de relieve focos potenciales de problemas que es necesario destacar.

El carácter "omniabarcante" (Gómez Calcaño, 2007) de los Consejos Comunales ha sido puntualizado por Aponte (2007: 95) como causal de convocatorias en

---

[10]Disponible en http://www.scribd.com/doc/9774/Ley-de-ls-consejos-comunales

el Ejecutivo nacional para acciones muy amplias, "desde el entrenamiento de las comunidades ante posibles riesgos para la soberanía nacional hasta la supervisión de las bodegas y otros expendios de víveres para constatar el cumplimiento de los controles de precios".[11] Esa variedad de funciones, sostiene Aponte (2007), podría afectar su desempeño a futuro.

Otro de los problemas que puede presentarse es su aislamiento con relación al contexto institucional. Recordemos que la reforma de los CLPP se hizo con vistas a autonomizar los Consejos Comunales de las

---

[11] Es tan ambiciosa la cobertura de un Consejo Comunal que puede instrumentalizarse para acciones que colocan en riesgo el necesario respeto a la vida privada familiar. Así, por ejemplo, ante los problemas de escasez en la venta de productos de la dieta básica como la leche y el pollo, el ministro del Poder Popular para la alimentación, Félix Osorio, señaló como remedio a los mismos la "vigilancia revolucionaria", para lo cual eran necesarios los Consejos Comunales: "Estamos hablando de vigilancia revolucionaria. Evitaremos problemas de desviación y corrupción. ¿Qué mejor que un Consejo Comunal para conocer a la gente que los rodea y saber exactamente quién es el más necesitado? Se trataba de vender racionadamente los alimentos de acuerdo al tamaño de cada familia contando con la información que los vecinos manejan entre sí con respecto a sus hogares. Esta proposición no fue bien recibida por todos. Así, una vecina de Catia, una populosa barriada al oeste de Caracas, afirmaría: "No estoy de acuerdo. Es una censura de la comunidad. Ellos no se pueden encargar de ver qué hay en el interior de cada casa [...] Esto es una alienación de los derechos humanos". Otra vecina, esta vez de Caricuao, diría que "no es función de los consejos comunales investigar qué y cuánto come la gente [...]" (El Universal, 26-02-2008).

instancias de gobierno local sin contabilizar probablemente los riesgos que comporta este hecho para una gestión pública más eficaz y eficiente. Rodríguez y Lerner (2007), así como Lovera (2008), colocan su atención en este punto. Estos investigadores coinciden en que las demandas particulares y fragmentarias de las comunidades inciden necesariamente en el conjunto, por lo cual los niveles intermedios de gobierno son imprescindibles para articularlas. Rodríguez y Lerner (2007: 122) recurren a un ejemplo didáctico: si los consejos construyen calles o tanques de agua, ellos necesitarán conectarse a los sistemas urbanos más amplios. Los gobiernos municipales y estatales brindan información y apoyo técnico y, a su vez, los proyectos comunales afectan la agenda municipal; se preguntan ¿qué pasará cuando la decisión de una comunidad no convenga a los intereses de la sociedad más amplia? ¿Qué ocurrirá cuando sus decisiones entren en conflicto con decisiones previas de niveles de gobierno más altos? Por otro lado, la mayoría de los asuntos, sostiene Lovera (2008: 27), no pueden ser atendidos sino a la escala que técnico-económicamente le corresponde; en consecuencia, "en algunos casos el poder central será ineficiente y en otros, la escala local es insuficiente porque la trasciende. De modo que los diferentes niveles de gobierno son necesarios para atender necesidades y demandas a cada escala [...]".

Otro asunto en el que no se ha reparado suficientemente es en el de las tareas, probablemente excesivas, que la modalidad de los Consejos Comunales hace descansar en los miembros de la comunidad. Sin embargo, a la larga éste puede ser un factor que contribuya con su pérdida de fortaleza. Nos referimos a lo que Rodríguez y Lerner (2007: 115) se atreven a calificar como "explotación del trabajo voluntario" por parte del gobierno. Si tomamos en cuenta que los Consejos Comunales deberán elaborar los planes de desarrollo de la comunidad, responsabilizarse por su ejecución y, además, ejercer funciones administradoras y contraloras, podríamos hablar de un cierto retiro del Estado de las funciones que le son propias, y una delegación de éstas a sus miembros de la comunidad,[12] los cuales deben atender otras tareas,

---

[12]Un ejemplo cercano en el tiempo es el del traspaso que anunció Mercal (Red Nacional de Mercados Populares del Estado) de la administración de 60 bodegas (así se les llama en Venezuela a comercios de víveres que abastecen en pequeña escala a los habitantes de un barrio o un sector, cuyos dueños, por lo general, son de la misma vecindad) a Consejos Comunales en el estado Lara. Administrar establecimientos como estos requiere una dedicación absoluta para que puedan ser rentables y mantenerse en el tiempo. ¿Podrán los Consejos Comunales hacerlo? Otro ejemplo ocurrió en el estado Mérida, donde una planta de desechos sólidos con pésimo desempeño produjo daños ambientales considerables, que provocaron el bloqueo de la entrada de camiones del aseo urbano a la zona de confinamiento de los desechos, por espacio de tres días por parte de los vecinos. Ante esto, las autoridades propusieron que fuera el Consejo Comunal de la zona quien se encargara de asumir la empresa con inversión del Estado, "tercerizando" de este modo el conflicto. Es decir, en vez de asumir su responsabilidad de hacer cumplir las ordenanzas en este sentido, el Estado intenta delegar en la comunidad la solución del problema (ver htpp://

como su trabajo personal y, sobre todo, en el caso de las mujeres, las propias del hogar. Para Lovera (2008: 10) deben definirse claramente los roles que corresponden a cada nivel de gobierno en la atención de las necesidades de la población, "no vaya a ser que en nombre de la participación se esté descargando sobre las comunidades las responsabilidades que le corresponden al Estado, directamente o mediante otras organizaciones de la producción y los servicios".

No obstante estos potenciales nudos problemáticos, los Consejos Comunales se han mostrado como espacios a partir de los cuales se ha revitalizado el debate sobre la organización comunitaria, y se ha democratizado el conocimiento sobre las técnicas de gestión de proyectos en las comunidades de todos los segmentos sociales, como ha sostenido González Marragot (2007a).

3.3. Formas organizativas en el área de la "economía social". Una breve revisión

Pero la participación no sólo se expresa en la existencia de las unidades organizativas arriba consideradas,

---

tupamaro-trujillo.nireblog.com, consultado el 12 de febrero de 2008). González Marragot, un investigador de la Universidad Católica Andrés Bello, ha mostrado su visión de este asunto insistiendo en que "la participación popular debe significar participación en el desarrollo de amplios planes gubernamentales", y remata con una frase clave: "El Consejo Comunal debe decir que necesitamos escaleras, no construir escaleras" (Rodríguez y Lerner, 2007: 120).

también, como prescribe la Constitución, se ha asumido en el terreno económico a través de las figuras de la autogestión y cogestión de empresas, cooperativas y otras formas asociativas "solidarias".

Así, dos años después de iniciado el gobierno de Chávez, éste comenzó a impulsar el mundo de las cooperativas y logró hacer crecer rápidamente el número en todo el territorio nacional. De 762 cooperativas que se registraban en 1998 (año en el que Chávez gana las elecciones) se asciende a 821 en 2001, para alcanzar la extraordinaria cifra de 42 097 en 2004.[13] Para Bastidas (s/f) el modelo cooperativista que impulsó el Presidente, más que voluntario, fue "impuesto" y a contracorriente de uno de sus principios básicos: el del autofinanciamiento. Las cooperativas se convirtieron en un medio, según el experto, de distribución del ingreso petrolero por parte del gobierno, con el agravante de que la gran mayoría de los recursos que se entregaron fueron a "fondo perdido", porque "apenas se entre-

---

[13] Esta cifra nos convirtió, según Oscar Bastidas Delgado, en el segundo país cooperativista del mundo, después de China y por encima de los Estados Unidos, donde existen 47 000 asociaciones de este tipo (Bastidas s/f). Debe tenerse en cuenta que en el año 2004 el Presidente tuvo que enfrentar el desafío del referéndum revocatorio presidencial, lo que lo presionó a dedicar una mayor atención a sus bases de apoyo. El enorme incremento de las cooperativas este año tiene un vínculo, a nuestro juicio, con la necesidad de ampliar aquellas con vistas al reto electoral. Una mayor disponibilidad de renta petrolera en manos del gobierno, merced a un repunte importante de los precios del aceite en ese año, favoreció esta acción.

ga el primer lote de dinero, la cooperativa desaparece [...]" (Bastidas, s/f).

El problema, según los cooperativistas tradicionales (entiéndase con historia previa al gobierno de Chávez), es que esas asociaciones fueron legalizadas sin ninguna educación cooperativista, otorgándoles créditos sumamente altos, con muy poca supervisión, escaso esfuerzo económico por parte de los interesados y desconocimiento en general de los valores y principios de esa actividad.

Es probable que esta situación haya incidido en el cambio de estrategia del presidente Chávez, quien a partir del año 2005 dejó de hablar de cooperativas, organizaciones en las cuales parece haber perdido la confianza,[14] para centrar su atención sobre un nuevo modelo de economía social basado en lo que se ha conocido como Empresas de Producción Social (EPS).[15]

---

[14]En el marco de una reciente celebración oficial, el Presidente, dirigiéndose a los miembros de una cooperativa que orgullosos mostraban sus logros en esta materia, diría que esta forma de asociación "no es el camino al socialismo [...] Las cooperativas no son socialismo, son instrumentos del propio capitalismo. Deberíamos con ustedes discutir los modelos, porque sin darse cuenta podrían estar reproduciendo el modelo que queremos ir desplazando" (*El Universal*, 21-07-2008:1-2).

[15]Según la definición que nos brinda el portal (http://www.pdvsa.com) de Petróleos de Venezuela (PDVSA), en cuyo seno se despliega la mayoría de esta modalidad de empresa, las EPS son "entidades económicas dedicadas a la producción de bienes o servicios en las cuales el trabajo tiene significado propio, no alienado y auténtico, no existe discriminación social en el trabajo y de ningún tipo de trabajo, [sic] no existen privilegios

De manera que, a proposición del Presidente, las cooperativas debían, en adelante, transformarse en EPS. La creación de este tipo de emprendimiento coincidió con el lanzamiento del socialismo del siglo XXI por parte de Chávez y del gobierno, de modo que dichas empresas deberían ser "una piedra en la construcción del camino hacia el socialismo porque ese es el camino para alcanzar la salvación de la patria y del pueblo para superar la miseria, la desigualdad, la pobreza, la exclusión".[16]

No podemos dejar de observar aquí que este modelo de participación, que se procura en el territorio socioeconómico, se produce en el marco de una revitalización de la matriz estadocéntrica de la que habló Cavarozzi (1993) para designar al protagonismo que ejerció el Estado latinoamericano desde la posguerra hasta los años ochenta.[17] Una reedición de esta matriz

---

en el trabajo asociados a la posición jerárquica, con igualdad sustantiva entre sus integrantes, basadas en una planificación participativa y bajo régimen de propiedad estatal, propiedad colectiva o la combinación de ambas"

[16] Extraído de www.minci.gov.ve

[17] En este sentido, la nacionalización (sería más adecuado hablar de estatizaciones) de empresas de distintos ramos como electricidad, comunicaciones, alimentos, etcétera, llevadas a cabo por el gobierno en los últimos años, es fehaciente expresión de esta revitalización en Venezuela. En el momento de escribir este documento el gobierno se ha embarcado en la nacionalización de las cementeras, del Banco de Venezuela, de la empresa productora de acero (Sidor), además de la compañía telefónica CANTV, entre otras, actualizando las prácticas a las que gobiernos anteriores, como el de Carlos Andrés Pérez,

sólo es posible bajo la existencia de un Estado podero-
so en recursos económicos como el venezolano, lo que
ocurre gracias a la renta petrolera. De allí que la democracia participativa en este terreno tiene fuertemente
marcado el sello del Estado y corre el riesgo, como en
ningún otro, de promover formas paternalistas y clientelares que en vez de favorecer una arquitectura so-
cioproductiva, que contribuya a la existencia de una
economía más sólida, termine por debilitarla, más allá
de lo que ya estaba.[18] De acuerdo con Shamis (2006),
habitualmente la política económica de los países petroleros engendra un sistema patrimonial de domina-
ción, en el cual extensas redes clientelísticas buscan el
control de los recursos para proceder a distribuirlos
entre los miembros de esas redes. Un Estado petrolero
como el venezolano, de orientación izquierdista en este
momento, pareciera estar reproduciendo un patrón de
comportamiento similar al de épocas anteriores. Las
Empresas de Producción Social, como en el pasado
reciente las cooperativas, pueden servir de plataforma
para la distribución clientelar de renta.

Aunque es temprano para evaluar la contribución

---

recurrieron en los años 70, sin que éstas arrojaran resultados
favorables para el desarrollo económico del país.

[18]Es necesario acotar que la economía venezolana ha regis-
trado un desempeño en sus tasas de crecimiento sumamente
pobre en los últimos 25 años, lo cual se ha traducido, obviamente, en la existencia de un tejido productivo sumamente
débil. Para mayor información al respecto puede consultarse
a Baptista (2003; 2004).

de las Empresas de Producción Social al desarrollo del país, no deben desestimarse opiniones de autorizados estudiosos de la economía venezolana, como Domingo Felipe Maza Zavala,[19] quien, haciendo una consideración general sobre la situación socioeconómica del país, ha señalado: "Chávez quiere que el Estado crezca más y tenga mayor peso. Ha creado un llamado sector social de la economía, a base de comunidades, grupos de trabajadores, cooperativas. Fincas y empresas industriales que estaban en la producción, han pasado a manos del gobierno por una vía arbitraria. Estas fincas y empresas dejan de producir al pasar a estas manos. No hay sentido de Estado. El movimiento cooperativo es ficticio. Las cooperativas se forman con gente sin organización y sin la menor voluntad. Los subsidios se malgastan. Sin seguridad personal nadie invierte. La producción se ha derrumbado y aumenta la población en demanda" (Maza Zavala, 2008, consultado en la red).

Efectivamente, tal como señala Maza Zavala, asistimos a un ensanchamiento del Estado en Venezuela que marca indefectiblemente no sólo la dinámica económica, como hemos aseverado arriba, sino también

---

[19]Domingo Felipe Maza Zavala es el economista más reputado del país, decano de la Facultad de Economía y Ciencias Sociales de la Universidad Central de Venezuela y uno de los directores del Banco Central de Venezuela hasta hace muy poco tiempo. Su larga trayectoria como universitario se inscribe en el pensamiento y las posiciones políticas de izquierda.

la social y política. De allí que el examen de las formas participativas que el gobierno ha puesto en práctica a lo largo de su trayectoria deben ser evaluadas en el contexto donde se generan, porque dependiendo de éste, aquéllas tendrán o no verdadera potencialidad para afirmarse y crear tejido social sólido y autónomo. En atención a esta idea, dedicaremos nuestro esfuerzo en lo que sigue al análisis del gobierno de Chávez y su naturaleza.

4. El gobierno de Hugo Chávez: populismo y poder reconcentrado

A pesar de que el populismo ha sido en América Latina un fenómeno claramente "perdurable" y "adaptable" como hecho político, capaz de manifestarse en distintos contextos, en coyunturas de crisis económica y política, emerge con más fortaleza. De allí que exista en la región una "relación dialéctica entre la defunción de las instituciones representativas y la erupción de nuevas formas de liderazgo populista" (Roberts, 2007: 35).[20]

La profunda descomposición del sistema político venezolano, bajo el peso de la crisis económica, social

---

[20]En realidad esta tesis es compartida por otros autores, no necesariamente asociada explícitamente al populismo pero sí a los liderazgos fuertes y a los mitos políticos. Véase, por ejemplo, a Cassirer (1997) y a Zermeño (1989). En América Latina la mayoría de los estudiosos del populismo, de Gino Germani en adelante, vinculan a éste con situaciones de fractura social y política.

e institucional y el deterioro de los partidos políticos, dejó el escenario despejado para la emergencia del liderazgo de Hugo Chávez y de su movimiento bolivariano. El resonante triunfo en las elecciones de 1998 y su acceso al poder en febrero de 1999, significó la defunción del sistema de partidos histórico y el arribo de un nuevo elenco de actores políticos, que giraba alrededor de la figura carismática de Chávez. La convocatoria a una Asamblea Nacional Constituyente (ANC), por parte del Presidente el día de su toma de posesión, y la victoria abrumadora de los candidatos afectos al gobierno, refrendaron el hecho.

La llegada de nuevos actores, sin embargo, no supuso la puesta en marcha de un definido nuevo modelo de sociedad conforme al discurso radical enfilado hacia el cambio. Tal como ocurrió con parte de la izquierda en la región, huérfana de modelo social una vez liquidado el socialismo real, en el chavismo el rechazo al capitalismo adoptó la forma retórica de lucha contra el neoliberalismo, la globalización, la democracia liberal, sin lograr delimitar en qué consistiría el nuevo patrón que se pregonaba. Esta nebulosidad persiste hasta hoy y no pudo ser despejada ni siquiera a propósito de la reforma constitucional que el Presidente presentó en el año 2006, cuando se propuso fincar las bases de lo que él concibe como socialismo del siglo XXI, a partir de cambios en la Constitución de 1999.[21]

---

[21]Sobre este punto varios analistas llamaron la atención. Véase por ejemplo a Lander (2007) quien insistió en la forma am-

Ese vacío explica, a nuestro juicio, que el gobierno de Chávez se haya desplegado en las formas típicas del populismo.[22] No sin razón Castañeda (2006) se atrevió a escribir "Chavez *is not* Castro, *he is* Perón *with oil*". Efectivamente, muchos de los rasgos que distinguieron al gobierno de Perón en la Argentina de los años 40 y parte de los 50, se repiten en la Venezuela de Hugo Chávez sin dificultad.[23] Sin embargo, algunos autores hablan de un populismo de izquierda en el cual la dicotomía "moral del pueblo" *versus* la "elite corrupta" es crucial en su ideología; los populistas de izquierda no se conectan a través de una doctrina pura y una conciencia de clase, como ocurría en la izquierda tradicional. Ellos adoptan las características organizacionales comunes a otros partidos populistas que conforman el abanico político, tal como sucede con el énfasis sobre el líder carismático, quien entabla comunicación inmediata con su pueblo y no le agradan las organiza-

---

bigua e imprecisa en que los artículos habían sido redactados y la ausencia de una definición de lo que se estaba entendiendo por economía, desarrollo y Estado socialista.

[22]Esta idea es trabajada por Arenas y Gómez Calcaño (2006).

[23]Para Roberts (en *Ibidem*: 3), líderes como Perón y Chávez se han vuelto virtualmente sinónimos de populismo, "dotando al concepto de vívidas imágenes de líderes carismáticos quienes energizan las masas, cambian a las elites tradicionales y reafirman la autonomía nacional en la arena internacional" (traducción de la autora). March coincide con esta tesis (2007); para él Chávez debe más a los peronistas del siglo pasado que al socialismo del siglo XXI, cuya construcción el chavismo se arroga.

ciones formales. No obstante, son de izquierda gracias a su defensa del igualitarismo, así como por su identificación de la inequidad económica. La defensa de los derechos del pueblo elegido constituye su principal agenda. Los más radicales se adherirán al anticapitalismo o al menos al antineoliberalismo sin lograr, como en el caso venezolano, definir claramente el modelo socialista de economía al cual aspiran. Mientras el antiintelectualismo del populismo, una apelación que atraviesa a las clases en general, y la amorfa ideología que le acompaña con frecuencia despertaron la sospecha de la izquierda tradicional, los izquierdistas más actuales han sido capaces de encontrar afinidades con éste en algunos puntos de su agenda de "democracia socialista y radical": antielitismo, empoderamiento, inclusividad, moralidad y bienestar (March, 2007: 65-66. Traducción de la autora).[24]

Este tipo de izquierda ve favorecido su ejercicio populista de gobierno cuando el Estado es propietario de recursos energéticos estratégicos como el petróleo. En escenarios como éste, el lado izquierdo (*wing left*) del espectro político puede fácilmente convertirse en un peculiar *petro left*, como sucede con el caso de Chávez, que representa un "*oil-founded*" (fundado sobre el petróleo),

---

[24]Canovan (1999) encuentra algunos puntos de intersección entre muchos de los temas del populismo y los académicos que postulan la idea de "democracia radical". Así, por ejemplo, una "furiosa repugnancia" por los partidos y un programa para el retorno de la democracia de los movimientos de base y empoderamiento del pueblo son asuntos comunes en ambos.

cuya "vaga oratoria populista y metas socialistas nebulosas" vienen acompañadas de métodos claramente antidemocráticos" (Shamis 2006: 29-30).

Es lo que efectivamente puede constatarse desde los inicios del gobierno de Chávez, cuando, en el seno de la Asamblea Nacional Constituyente, una vez ratificada la nueva Constitución, se procedió a decretar un "Régimen de transición del Poder Público", el cual no se establecía explícitamente en las disposiciones transitorias aprobadas conjuntamente con aquélla, ni recogía el carácter participativo que distingue a la misma. Este decreto contempló la designación provisional de altos funcionarios del Estado, como los que componían el Tribunal Supremo de Justicia (que sustituiría a la antigua Corte Suprema de Justicia), el fiscal general, el contralor general, el Consejo Nacional Electoral, el defensor del pueblo y una Comisión Legislativa Nacional (que supliría provisionalmente a la Asamblea Nacional). Tales nombramientos fueron hechos sin consulta pública de ningún tipo violentándose los principios de la Constitución recién nacida. Esta comisión, conocida popularmente como "Congresillo", integrada por once constituyentes y diez ciudadanos cooptados por la ANC, fue dotada de amplísimos poderes, entre ellos el de legislar.[25] Con ello se transgredía una norma de-

---

[25] Ricardo Combellas, experto constitucionalista venezolano y uno de los constituyentes por el oficialismo, se referiría posteriormente a este decreto señalando que con éste la ANC "[...] se comportó como los monarcas del absolutismo

mocrática básica: aquella que hace descansar la facultad de elaborar leyes sólo en quienes cuya autoridad provenga de los comicios. Este evento mostró el desdén por las formas representativas de parte del nuevo liderazgo y un uso abusivo de las mismas. En nombre de la mayoría se procedió a concentrar el poder desconociendo que, en la democracia, las reglas y los procedimientos no son meras formas sino la amalgama, como diría Hannah Arendt (1997), que hace posible la política y la existencia juntos.

De acuerdo con Coppedge (2002: 89) "cualquier institución con esos poderes se parece más a una junta revolucionaria que a una legislatura representativa". De manera que, agrega, cuando la asamblea finiquitó sus tareas, no había un solo poder nacional que no hubiese sido designado por una institución que no fuese chavista en su casi totalidad. Con un grado de poder tal, las derivas autoritarias se vuelven inevitables. Así, "la fortaleza electoral del chavismo le permitió controlar la Asamblea Constituyente de 1999 y el Congreso, y por medio del control de estas instituciones, refundar el conjunto del régimen político bajo su égida, lo que ha llevado en la práctica a terminar con los equilibrios, contrapesos y el pluralismo inherente a toda democracia; lo que permite

---

europeo de los siglos XVII y XVIII, *legibus solutos,* pues su voluntad crea el Derecho al que en ningún caso está sometida, dado que no la estuvo a la Constitución de 1961 ni lo está a su propia creación, la Constitución de 1999" (Combellas, 2002: 25).

que el gobierno de Chávez actúe de maneras abiertamente autoritarias [...]" (Tanaka, 2006: 266).

Esta enorme concentración de poder en el Presidente tiene muy pocos antecedentes en la historia del siglo XX venezolano. No por casualidad algunos estudiosos del caso coinciden en calificar el régimen de Chávez como uno de democracia delegativa en su versión extrema (Álvarez, 2002; Coppedge, 2002). Como se sabe, O' Donnell (1997) ha caracterizado a las democracias delegativas como aquellas en las cuales los poderes ejecutivos son muy fuertes; la *accountability* horizontal es espuria; el presidente es considerado la encarnación de la nación; con acentuadas tendencias plebiscitarias, entre otros rasgos. Tal como ha indicado De la Torre (2004), los populismos nuevos y viejos son delegativos con tendencias autoritarias.[26] El acceso al poder por la vía electoral no garantiza la democracia y, todo lo contrario, los mecanismos democráticos pueden ser usados contra la democracia misma. De manera que, como ha observado Mazzuca (2007), se hace necesario distinguir entre el acceso al poder y el ejercicio del poder.

---

[26] Refiriéndose al fenómeno autoritario en los populismos de antaño, Ianni (1975: 130) señaló: "En la mayoría de los casos, las campañas y luchas populistas contra la oligarquía y el imperialismo, por el desarrollo nacionalista, conducían a la expansión del poder Ejecutivo o a la dictadura disfrazada o abierta. Fue el autoritarismo más o menos velado lo que predominó en el cardenismo, varguismo, peronismo [y] velasquismo".

A partir de aquella matriz original, la práctica concentradora de poder no ha hecho sino profundizarse. Este fenómeno no se ha producido sin consecuencias. Así, las 49 leyes sancionadas a finales de 2001, sin previa consulta a los actores afectados, generó una severa crisis de gobernabilidad que desembocó en los eventos del año 2002 y parte del 2003, cuyo hito fundamental fue el golpe de abril de 2002.

Las respuestas casi siempre antipolíticas de la oposición permitieron más bien reforzar el proceso de centralización del poder en la Presidencia de la República. De este modo, el retiro de ésta de los comicios para renovar el cuerpo legislativo de la Asamblea Nacional en el 2005, produjo un parlamento totalmente controlado por la tolda política del Presidente, obediente de su mandato, a contracorriente de la función que le es consustancial en los sistemas democráticos: la de contrabalancear el peso del poder ejecutivo.[27]

---

[27]Con ocasión de la aprobación de la Ley Habilitante en enero de 2007, una vez realizadas las elecciones presidenciales de 2006, la cual otorga poderes prácticamente ilimitados al primer mandatario, la presidenta de la Asamblea Nacional diría: "El presidente presentó como propuesta el socialismo y el pueblo votó por el Presidente y por esa propuesta [...] Es un mandato del pueblo y el pueblo se expresó mayoritariamente [...] Ese mandato del pueblo nosotros lo asumimos [...] para nosotros es una orden [...] Nosotros, desde esta Asamblea Nacional, sabiendo que el Presidente Chávez requiere poderes para adecuar la legislación al proyecto político, al proyecto socialista y por cuanto el presidente ha anunciado que va a solicitar una Ley Habilitante, nosotros desde esta Asamblea Nacional en pleno vamos a acordar por urgencia reglamentaria otorgarle los po-

Desde la Asamblea Nacional también se ha contribuido a reforzar el poder presidencial y su proyecto con prácticas antidemocráticas, como ocurrió en diciembre de 2004, cuando el parlamento contaba todavía con representantes opositores y la mayoría oficialista decidió cambiar la reglamentación interna que obligaba a someter la aprobación de las decisiones a las dos terceras partes del cuerpo. El propósito en ese momento era modificar la Ley Orgánica del Tribunal Supremo de Justicia, a fin de de incrementar el número de magistrados de 20 a 32, con el objeto de recuperar el control supuestamente perdido por parte del chavismo sobre el máximo órgano judicial.[28]

Más recientemente, a finales de julio de 2008, el régimen renovó con ímpetu su naturaleza autoritaria a partir de la implementación de un segundo paquete de leyes —26 en total—, del mismo modo que en el año 2001: sin consulta ni discusión con la sociedad.

---

deres al ciudadano Presidente Hugo Chávez con una Ley Habilitante (sesión especial de la Asamblea Nacional, www.asambleanacional.gov.ve, consultado el 10 de enero de 2007). He aquí una muestra de la sumisión del Poder Legislativo.

[28] El presidente del comité de postulaciones de la Asamblea, diputado Pedro Carreño, señalaría en esa oportunidad que el gobierno de Chávez no abriría espacio alguno a la oposición en el Tribunal: "no nos vamos a meter un autogol". Los electos son "magistrados cuya filiación revolucionaria está más que garantizada". Adicionalmente, el nuevo presidente del organismo, Omar Meza, se proclamaría en el acto de instalación del mismo, como "revolucionario" determinado a aplicar una "justicia revolucionaria". Disponible en http://infovenezuela.org/cap1_es_2.htm

Algunos de los contenidos de estas leyes, como el que
se refiere a la Fuerza Armada o el que contempla el
nombramiento de autoridades regionales por parte
del Presidente de la República, por encima de los gobernadores y alcaldes electos, fueron propuestos en la
reforma constitucional sugerida por Chávez en el 2007.
Adicionalmente, el mandatario ha recurrido a la práctica de las inhabilitaciones políticas que el país presencia en estos meses previos a las elecciones de gobernadores y alcaldes. En efecto, contrariando el mandato
de la Constitución de la República, que impide optar
a cargos de elección popular a quienes hayan sido
"condenados" por delitos cometidos en el transcurso
del ejercicio de sus funciones, el contralor nacional
ha inhabilitado a un grupo de funcionarios públicos
en su mayoría (más del 80 por ciento) de oposición.[29]
Ninguno de éstos ha sido sometido a juicio y en consecuencia no han podido defenderse en los tribunales de

---

[29]No se puede perder de vista que la oposición apenas ejerce
gobierno en unas 35 alcaldías de un número de 335 y dos
gobernaciones en un total de 23, lo cual subraya con más
fuerza la intención política oficialista de eliminarlos como
futuros contendientes. El propio presidente Chávez se encarga de corroborar la tesis cuando ha apoyado abiertamente
las acciones de la contraloría: "[...] al Contralor General de
la República, para él un apoyo especial porque ahora estamos luchando contra la corrupción. Ahora el contralor toma
decisiones cumpliendo la ley contra la corrupción, entonces
atacan. *No volverán a gobernar este país más nunca*" (cursivas
nuestras). Disponible en www.elobservador.rctv.net/noti-
cias, consultado el 25 de junio de 2008.

lo que se les acusa. Se violenta de nuevo el magno texto cuando se invalida su artículo 49, numeral 2, el cual señala que: "Toda persona se presume inocente mientras no se pruebe lo contrario". De manera que la medida pone en evidencia la jugada oficial destinada a anular políticamente a algunos de ellos, con reales posibilidades de ser electos para ocupar los cargos en cuestión.[30]

Esta conducta del régimen nos coloca ante el fenómeno conocido como autoritarismo competitivo o autoritarismo electoral. Los regímenes autoritarios, según Schedler, "ni practican la democracia ni recurren regularmente a la represión abierta". Celebran consultas electorales periódicas intentando hacerse de una fachada de legitimidad democrática y buscan satisfacer tanto a los actores de afuera como a los de adentro. En paralelo, colocan las elecciones bajo estrictos controles autoritarios con el objeto de garantizar su permanencia en el poder. "Su sueño es cosechar los frutos de la legitimidad electoral sin correr los riesgos de la incertidumbre democrática. Buscando un equilibrio entre el control electoral y la credibilidad democrática, se sitúan en una zona nebulosa de ambivalencia estructural" (Schedler, 2004: 138). Siguiendo los criterios sobre

---

[30]Está claro que lo que el chavismo se juega en estas elecciones es el futuro del proyecto, ya seriamente averiado con los resultados del referéndum del 2 de diciembre de 2007. No por otra razón Chávez personaliza el evento comicial al amenazar con una guerra civil si la población se atreve a votar por los candidatos de oposición a alcaldías y gobernaciones. "Vienen por mí", ha dicho reiteradamente.

los que Robert Dahl sustenta sus planteamientos sobre la poliarquía, Shedler construye lo que denomina cadena metafórica de elección democrática, cuyos eslabones aseguran el cumplimiento de elecciones verdaderamente justas y transparentes.

Si la cadena se rompe en alguno de sus eslabones, señala, "los comicios no se vuelven menos democráticos; se vuelven no democráticos" (Schedler, 2004: 142-143). Uno de esos eslabones, el que tiene que ver con el rango de alternativas de libertad de la oferta política al electorado, puede ser violado por las autoridades en ejercicio de poder al excluir el acceso de la oposición a la arena electoral a partir, por ejemplo, del diseño de instrumentos legales a la medida de tales propósitos, sostiene Schedler (2004).

Es exactamente esto lo que pasa en Venezuela,[31] como queda demostrado con el caso de las inhabilitaciones. Con ellas se rebaja sensiblemente el derecho de elegir y ser elegido, principio básico de todo sistema democrático. Una expresión del pluralismo político limitado que caracteriza a los autoritarismos, de acuerdo con Linz y Stepan (1996), se materializa en mecanismos de este corte.

El tipo de autoritarismo que define al régimen de

---

[31] Mecanismos que violan la cadena democrática han sido utilizados en el pasado tanto prechavista como chavista. Nos dedicamos en esta oportunidad a éste porque la coyuntura exige su abordaje, pero, sobre todo, porque ha sido una de las estrategias más abiertamente manipuladoras y atrevidas a la cual gobierno alguno haya echado mano.

Chávez, no obstante, puede ser asumido como una deriva del horizonte totalitario que tuvo desde sus inicios y, más aún, desde sus cimientos históricos,[32] en respuesta forzada a los obstáculos que la sociedad democrática nacional e internacional le han interpuesto en el camino.

Ciertamente, no resulta difícil distinguir una vocación totalitaria que se desliza en la actuación del régimen a lo largo de su trayectoria con muy poco recato la mayoría de las veces. Si estamos de acuerdo en que "la ideología totalitaria es un núcleo de proyecto de transformación total de la realidad social", como ha indicado Fisichella (en Morlino, 1995), la idea de crear un "hombre nuevo" a partir de lo que el presidente Chávez concibe como socialismo del siglo XXI, comporta esa intención.[33] Atendiendo a este fenómeno, quizá podríamos hablar de la existencia de una suerte de "totalitarismo imperfecto" para acercarnos mejor a una caracterización del régimen. Según Linz (2000), un

---

[32]Un intento de sistematización de las distintas acciones del régimen en este sentido se encuentra en Arenas (2007).
[33]No se trata de actos declarativos solamente. Esta vocación se ha intentado materializar en distintos espacios de la sociedad, muy particularmente en el educativo. No obstante, las respuestas de la sociedad no se han hecho esperar, limitando cada vez más el radio de acción de dichos intentos. Así ocurrió, por ejemplo, con el "currículo bolivariano" diseñado por el gobierno para ser aplicado a la escuela básica y secundaria; dispositivo portador de nuevos contenidos educativos cargados de una valoración del proceso chavista y del modelo de sociedad que éste pretende.

totalitarismo imperfecto constituye una fase transitoria de un sistema político cuyo despliegue hacia el totalitarismo ha sido detenido y tiende, por consiguiente, a convertirse en algún otro tipo de régimen autoritario.

La concentración de cada vez más poder en manos del chavismo se explica en el campo de la lógica populista a partir de la cual se dicotomiza la sociedad, bajo el presupuesto de la existencia de un pueblo homogéneo, sano y virtuoso, y elites u oligarquías corruptas y mezquinas. El bienestar y la felicidad del pueblo dependerán del combate exitoso a estas últimas. De allí la negación de espacios, no sólo a quienes se tiene por elites sino a todo lo que se asocie con ellas o pueda ser asociado.[34] No hay lugar para ningún otro proyecto, Chávez lo ha dejado claro: "Lo vengo repitiendo desde hace varios años. Todo lo que va a ocurrir debajo del sol tiene su hora, y esta es la hora de la revolución. No hay cabida en Venezuela para ningún otro proyecto que no

---

[34]Sin embargo, refiere Rosanvallon (2006a), "[...] lo que caracteriza a las sociedades contemporáneas, no es ciertamente la constitución de una bipolarización entre un pueblo unido y sano, bien homogéneo, y elites descompuestas. Lo que caracteriza a las sociedades contemporáneas es el hecho de que ellas son un amasijo de todas las tensiones y de todas las contradicciones. Las tensiones y las contradicciones sociales se encuentran de cierta manera difractadas a todos los niveles del cuerpo social. Comprender las sociedades contemporáneas, es comprender un sistema muy complejo de capas superpuestas, y no simplemente un enorme bloque de acero sólido, que para ser emancipado sólo pide deshacerse de este núcleo extranjero que sería el de las elites".

sea la Revolución bolivariana. Esta es la hora del pueblo bolivariano, del renacer" (*El Nacional*, 27-11-2006: A-5).

Este pronunciamiento no transcurre sin consecuencias; encierra una clausura de lo político si estamos conscientes de que "no hay política si las acciones no pueden inscribirse en una misma narración ni ser representadas sobre un escenario público único", como ha señalado Rosanvallon (2007: 39); escenario que, por naturaleza, es siempre diverso, heterogéneo.

Es éste el riesgo que se corre con los movimientos populistas vistos por Rosanvallon como expresiones "patológicas" de la contrademocracia,[35] los cuales actúan de modo "perverso y partidista", pretendiendo "encarnar al pueblo, frente a los poderes que consideran desacreditados" (Rosanvallon, 2007: 289). Antes que ser

---

[35]Debe quedar claro que lo que Rosanvallon llama aquí contrademocracia no es lo contrario de la democracia, como él mismo aclara; constituye un tipo de democracia que se contrapone a la otra, fundamentada en "los poderes indirectos diseminados en el cuerpo social, la democracia de la desconfianza organizada frente a la democracia de la legitimidad electoral" (Rosanvallon, 2007: 27). Una de las formas en que la contrademocracia se ha manifestado históricamente es en lo que el autor denomina "soberanía de obstrucción" (el ejercicio de la discordancia, de la desobediencia, del poder decir no), que en el pasado se consolidó en una "soberanía crítica", la cual "participaba de manera constructiva de la vida conflictiva de la democracia". El hecho dominante en la actualidad es "la degradación de esa soberanía crítica en una soberanía puramente negativa. La soberanía efectiva del pueblo se afirma, en adelante, mucho más en la modalidad de una sucesión de rechazos puntuales que a través de la expresión de un proyecto coherente" (Rosanvallon, 2007: 128).

una ideología, el populismo consiste esencialmente en una inversión perversa de los ideales y los procedimientos de la democracia (Rosanvallon, 2007: 257). Visto así, "el populismo constituye una crítica a la democracia, no una alternativa a ella" (March, 2007: 37).

De acuerdo con Canovan (1999), el populismo representa una punzante crítica de las limitaciones de la democracia liberal y del *gap* que se abre entre el pueblo y sus representantes; de allí que éste siga a la democracia como su "sombra", porque la brecha que se abre entre la representación y las promesas de la democracia liberal provee un perpetuo estímulo para la movilización populista.

El desencanto con la democracia representativa venezolana y la crisis de su sistema político prohijó una corriente hipercrítica de su actuación, que desembocó en los golpes de Estado de 1992 y encontró expresión más tarde en el populismo chavista y en la fuerte reconcentración de poder que éste trajo consigo, destacada *supra*. La brecha que se abrió entre los representantes y el pueblo se ha intentado cerrar, paradójicamente, con un exceso de representación depositado en la figura presidencial, lo que necesariamente deviene en autoritarismo. No se consulta, no se debate, se impone. Y se impone lo que la voluntad presidencial determine.[36]

---

[36] Y no sólo se trata de imponer decisiones a quienes adversan el proyecto político del Presidente. La imposición alcanza también a los propios afectos. Si se resisten son excluidos,

Al mismo tiempo, esa crítica acérrima a la democracia liberal no ha podido superar los canales representativos y ha generado una tensión entre aquéllos y las formas participativas que se desean más directas, lo que ha desembocado finalmente en el diseño de instrumentos de participación comunitaria amarrados y dependientes del Presidente, como los Consejos Comunales.[37] Así, el desencanto con las elites del pasado se trasmuta en un modelo de gobierno que adopta un ejercicio vertical del poder y fuerza una identidad tota-

---

sencillamente, tal como ocurrió con la creación del Partido Socialista Unido de Venezuela (PSUV), cuando el Presidente instó a las organizaciones partidistas que le apoyaban a disolverse para fundirse en la nueva plataforma política. Ante la resistencia de algunos de ellos, el mandatario amenazó con desalojarlos del gobierno. La consecuencia fue el desprendimiento del partido Podemos del grupo de organizaciones que respaldan a Chávez.

[37]Tanaka (2006: 265-266) ha señalado varios dilemas para la izquierda en América Latina. Uno de ellos es el que opone su actuación dentro de las esferas de la democracia representativa y la búsqueda de otras formas de democracia, directa y participativa, que "pueden erosionar el marco básico democrático, el pluralismo político, los equilibrios esenciales a una democracia; la tensión entre la búsqueda del poder y la hegemonía política necesaria para impulsar 'cambios revolucionarios' y, del otro, la necesidad de preservar el carácter democrático de la izquierda para así evitar caer en la construcción de nuevos regímenes autoritarios". En el caso venezolano este dilema no se presenta como tal, ya que el proyecto, o por lo menos quienes lo representan con más fuerza, tienen claro el primer objetivo. Las respuestas de buena parte de la sociedad, sin embargo, y el escenario internacional, lo han obligado a mantenerse en los bordes de la democracia.

lizadora a partir de su parcial interés político, pretendiendo ahogar la diversidad y el pluralismo.

5. Democracia participativa, ¿hasta dónde?

5.1. Participación y centralismo

En el contexto anterior, necesariamente, deben ser evaluadas las formas participativas de democracia que el proyecto chavista ha impulsado a lo largo de su existencia. En un escenario de alta concentración de poder resulta pertinente preguntarse si efectivamente la participación puede traducirse en mayor democracia: ¿puede haber democracia participativa en un contexto en el cual el juego democrático aparece cada vez más disminuido?

La respuesta no resulta obvia, de allí que intentaremos detenernos en dos puntos. El primero, entender qué tipo de participación genera el populismo, y el segundo, cuáles son los alcances de la misma.

Empecemos por recordar que en los populismos clásicos no estaba presente el *desideratum* de la participación, tal como aparece ahora, y fueron los sindicatos de trabajadores los que tuvieron amplia presencia en el espacio público a partir de las formas corporativas que el régimen peronista adoptó, en el afán de control sociopolítico total; no fue así, sin embargo, en el Brasil de Getulio Vargas, en el cual los sindicatos fueron eliminados.

Los populismos actuales no se emplazan, ni social ni políticamente, en grupos organizados.[38] Sus bases son fragmentadas y dispersas y su fortaleza no se localiza precisamente en las organizaciones obreras como en el pasado.

Los modelos nacional-populares no reconocieron la existencia de un sujeto popular cuya constitución se diferenciara del Estado, y la validación de la participación se produjo exclusivamente a través de la presencia de un líder, quien encarnara simbólicamente al pueblo. "El Estado se ofrece a sí mismo como mecanismo de participación [...] Este mecanismo [...] impide obviamente la formación de actores sociales autónomos" (Valenzuela, 1991: 21).

Los neopopulismos no se distancian en este aspecto de los viejos. El carácter delegativo que les es propio coloca al líder, al igual que en los clásicos populismos, como depositario de la voluntad nacional. El Estado, al que aquél expresa y sintetiza, recupera su centralidad personificada en el hombre providencial. Los nuevos sujetos sociales, de este modo, tampoco alcanzan su constitución fuera del ámbito estatal.

En el caso que nos ocupa, la participación, como

---

[38]Mientras el populismo tradicional se soporta en los sectores urbanos en ascenso, el populismo de última generación encuentra su respaldo en los grupos informales y pobres rurales y en una alianza entre las elites emergentes con los más depauperados (Freidenberg, 2007), en tanto el populismo tradicional básicamente se fundamentó en la movilización de la clase trabajadora.

promesa de redención frente a la exclusión en el pasado, encuentra forma y legitimidad sólo si es el Estado quien la potencia, y únicamente si se funde en la figura del Presidente. Así, la verticalidad en el ejercicio del poder marca la pauta también en lo que se refiere al diseño de las formas participativas.[39] Los Consejos Comunales constituyen la mejor muestra de este aserto. Promocionados como las unidades base del Poder Popular —como tuvimos oportunidad de ver—, la estructuración y actuación de éstos se encuentra sujeta a la cúpula del poder condensada en el Presidente, en el marco de una cadena de instancias gubernamentales que salta las representaciones intermedias, como alcaldías y gobernaciones.

De manera que esta armazón social, que se trama desde el vértice, "[...] tiene severas limitaciones para impulsar una participación democrática y autónoma [...] La participación para que genere empoderamiento debe traer una dinámica de abajo hacia arriba. Tal como está concebida la ley es al revés, promueve dependencia del Presidente [...]" (López Maya, 2007: 58).

---

[39]Mires (2006: IX) lo ha puesto de manifiesto cuando señala que "a diferencia de los viejos populismos latinoamericanos, el de Chávez es uno que interpela al pueblo desde una perspectiva nacionalista y militar, pero mucho más emancipado de sus articulaciones orgánicas populares [...] lo que lleva a entender el populismo chavista, no tanto como representación de encadenamientos que vienen de lo más bajo hacia el Estado, sino exactamente al revés: como una representación que viene desde el Estado y 'baja' a encadenar a los actores que busca [...] representar".

Por el contrario, puede ser percibida como un "intento del gobierno de lograr el control y poder absoluto de la sociedad" a partir de la creación "de redes para sustituir a los órganos institucionales" (Rey, en *El Nacional*, 25-02-2007: A-2).

No podemos predecir si estas organizaciones comunitarias sobrevivirán al chavismo, y si podrán sostenerse en el tiempo, atadas a la pirámide del poder presidencial; por ahora parece claro que actuarán bajo ese principio, el cual, además, se acompaña de su uso político parcial. En efecto, existe en el gobierno un discurso que desconoce la pluralidad de la sociedad e intenta confundir a los Consejos Comunales con el proyecto político del chavismo, partidizándolos. Así, el Presidente ha señalado que confía en "el éxito de los Consejos Comunales para darle profundidad a la democracia revolucionaria en la construcción del socialismo" (Aponte, 2007: 97).[40] El intento por colocar

---

[40]En la misma línea del Presidente, el ministro del Poder Popular para la Participación y Desarrollo Social, David Velásquez (2007), diría en el transcurso de la campaña promocional de la reforma constitucional que "los consejos comunales deben ser el combustible fundamental del motor habilitante, de la discusión de las nuevas leyes que deben producirse para que la revolución avance, del motor constituyente que debe reformar la Constitución bolivariana para hacerlo ajustado a la demanda de construir la sociedad socialista en Venezuela [...]". Wiliam Izarra, ex oficial de la Fuerza Armada Venezolana y responsable de varios programas de formación ideológica del chavismo, pondría de manifiesto la necesidad de que los Consejos Comunales reciban adoctrinamiento: "Los Consejos Comunales requieren formación ideológica

a estas organizaciones comunitarias como piezas de la revolución pareciera ir más lejos todavía, cuando se pretende que sean parte fundamental en la conformación del Partido Socialista Unido de Venezuela (PSUV); en palabras de Aristóbulo Istúriz[41] "se está hablando de que esta es una organización construida desde las bases, en ese sentido los consejos comunales representan la base del partido" (Patruyo, 2007: 51).

Esta disposición que muestra la alta dirigencia del gobierno, comenzando por el presidente Chávez, ha encontrado eco en una porción de los consejos comunales que se ven a sí mismos como núcleos básicos de aquél. Así queda evidenciado en el "Manifiesto del I Encuentro Nacional de Consejos Comunales" del Frente Comunal Nacional Simón Bolívar, en el cual se ratifica la "filiación socialista y bolivariana" de Consejos Comunales de varios estados del país, dispuestos "a construir una corriente revolucionaria de base y autónoma que acompañe conscientemente al Presidente en toda iniciativa tendiente a construir el socialismo bolivariano y derrotar al reformismo y la contrarrevo-

---

[...] Deben tener conciencia de hacia dónde avanza el proceso para poder profundizarlo [...] Los Consejos Comunales son la primera unidad de democracia directa [...] pero claro, los adversarios del Gobierno o los que no se identifiquen con la revolución pueden formar parte de ellos si se ajustan [...]" (Aponte, 2007: 97).
[41] Istúriz es uno de los principales dirigentes del chavismo, miembro del partido Patria para Todos, ex ministro de Educación del gobierno de Chávez.

lución". Entre los acuerdos de este encuentro se destacan, entre otros, la solicitud de implementación con "carácter de urgencia de escuelas de formación política y militar para los Consejos Comunales", así como la convocatoria a una "gran movilización nacional de los Consejos Comunales en apoyo al partido de la revolución."[42]

La simbiosis que se gesta entre estos núcleos sociales y el proyecto chavista ha generado, no obstante, tensiones que han empezado a manifestarse en la sociedad. Así, un grupo de miembros de los Consejos Comunales del estado de Zulia protestaron por la politización de la que éstos estaban siendo objeto, e impidieron el paso por espacio de tres horas en el Puente Rafael Urdaneta, uno de los más grandes e importantes del país (Patruyo, 2007: 51).

El carácter dependiente del Estado y del Presidente en especial, de los Consejos Comunales se expresa también en la viva presencia que el componente militar ha tenido en la configuración y funcionamiento de los mismos. Vale la pena recordar el papel de primera magnitud que el sector armado ha tenido en el gobierno de Chávez, papel que se incrementa cada vez más y que parece alimentar la tesis ceresoliana[43] que le dio

---

[42]Extraído de htpp://frentecnsb.blog.com.es, consultado el 28 de abril de 2007.

[43]Nos referimos a las ideas de Norberto Ceresole, sociólogo argentino, mentor ideológico de Chávez al comienzo de su gestión, quien sostenía que en países con precario desarrollo de las instituciones, el ejército era el único vehículo para

aliento en su inicio. En efecto, la Guardia Nacional ha fungido como cuerpo tutelar de los Consejos Comunales, pues se le han delegado ciertas funciones, como "avanzar hacia la organización de los Consejos Comunales, parroquiales y consejos locales de planificación pública, como un mecanismo que coadyuve a desarrollar el Poder Popular de la ciudadanía venezolana", y cooperar en "la creación, fortalecimiento y desarrollo" de dichas organizaciones.[44] Puede constatarse asimismo la presencia de un militar de la Reserva Nacional (cuerpo armado, paralelo al ejército, creado por el Presidente y que depende también directamente de éste) en cada una de las comisiones regionales presidenciales, conformadas para cada estado, que estructuran la institucionalidad de los Consejos Comunales.[45] De esta manera, el estamento militar aparece como órgano mediador entre las comunidades y las instancias públicas, lo que revela desconfianza del gobierno en la capacidad de las comunidades —del factor civil, en otras palabras— para organizarse autónomamente.[46]

---

planificar, centralizar y gobernar, cumpliéndose así la ecuación caudillo-ejército-masa. El proyecto ceresoliano apuntaba a "licuar" las instancias intermedias de representación de modo de vaciar el espacio que debería ser llenado por el nexo caudillo-pueblo con el respaldo de la Fuerza Armada (El Universal, 27-05-2000: 1-2).

[44] Véase http://www.poderpopulargn.mil.ve/view/nosotros.php

[45] Véase http://www.fundacomun.gob.ve

[46] Algunas comunidades organizadas denunciaron la intervención de los efectivos militares en los procesos de elección de los consejos, y señalaron que "es inaceptable la imposición

Lo que esta desconfianza evidencia es la naturaleza militarista del régimen, que se concreta en el preponderante papel que ejerce la Fuerza Armada en el diseño y ejecución de las principales políticas públicas, con una estructura que beneficia el control directo del comandante en jefe, Presidente de la República, lo cual permite señalarlo "como un régimen que disuelve la línea divisoria entre lo militar y lo civil, convirtiendo la organización militar en el eje de la administración pública y modelo de las organizaciones de la sociedad civil, tanto para la participación electoral y política, como para la producción, a la que se extiende a través de la creación de numerosas 'reservas militares' constituidas por empleados del Estado y civiles en general" (Maingón y Sosa Abascal, 2007: 76).

5.2. La reforma constitucional

Luego de siete años de haber sido aprobada la Constitución bolivariana, el presidente Chávez anunció al país su idea de modificar algunos artículos, en función de viabilizar el establecimiento del socialismo del siglo XXI, que desde el año 2005 promociona como alternativa al capitalismo. La propuesta fue rechazada en el referéndum realizado el 2 de diciembre de 2007, pero vale la pena detenerse en ella por dos cosas: primero

---

de reglas, condiciones, candidatos o resultados por parte de los militares en la organización de los Consejos Comunales" (González Marragot, 2007b).

porque verticalizaba definitivamente el poder estatizando aún más la participación, y segundo, porque a pesar de la derrota el Presidente parece dispuesto a llevarla a cabo en algunas de sus áreas, sobre todo aquellas que tienen que ver con el objeto de este trabajo.

En el marco de lo que Chávez llamó "nueva geometría del poder", se planteaba una transformación de la división político-territorial del país. A partir de ésta la "unidad política primaria" de la organización territorial nacional sería la ciudad, conformada por "comunas" que, a su vez, estarían constituidas por las comunidades; cada una de ellas operaría como "núcleo espacial básico e indivisible del Estado socialista venezolano". Partiendo de la comunidad y de la comuna, se erigiría el Poder Popular, concebido como uno entre el resto de los poderes públicos, cuya existencia no sería producto del sufragio, "ni de elección alguna", el cual se expresa como "autogobierno" de las ciudades, a través de los Consejos Comunales, los consejos obreros, los consejos campesinos, los consejos estudiantiles y otros. (Presidente Chávez, 2007: 24-25, 74-76).

Proponer la existencia del Poder Popular al margen del sufragio revela, a nuestro juicio, el punto culminante de la democracia participativa como contraparte de la democracia liberal; aquella que se desprende de las formas representativas para dar paso al despliegue de la democracia directa a la que el proyecto aspira. Empero, esta operación no transcurre sin costos. Tal como se pretendía con esta reforma, las organizaciones comunales pasaban a constituirse en órganos del Estado, lo que anulaba su expresión social independiente: "El convertir los Consejos Comunales en parte del Estado, lejos de darle más poder a la organización popular autónoma, puede operar como mecanismo de cooptación y control desde arriba" (Lander, 2007: 11).[47] La propuesta, en efecto, parecía dirigirse a la conformación de un modelo corporativista de tipo estatal,[48] en el que las organizaciones sociales existen en tanto se despliegan orgánicamente como unidades constitutivas del Estado, desapareciendo la sociedad para fundirse a este último, y con ello los límites simbólicos que separan a la sociedad del poder en los sistemas democráticos, como ha sostenido Lefort (2004). El cor-

---

[47]Debe tenerse en cuenta, sin embargo, que la ley que rige los Consejos Comunales sigue vigente. La desaprobación de la reforma propuesta por el Presidente obliga a detener la implantación del modelo de reconfiguración del poder territorial que se pretendía. Esto significa que los riesgos advertidos por Lander siguen presentes.

[48]Esta vocación organicista ha marcado la trayectoria del gobierno de Chávez desde sus comienzos. La creación de organizaciones sociales paralelas a las históricas leales al chavismo, como las de tipo empresarial o trabajadoras, habla en este sentido. De la misma manera, una concepción de los poderes locales como si fueran parte del poder presidencial abona esta idea. Así, Chávez ha dicho: "Nosotros necesitamos que cada alcalde, cada alcaldesa, cada gobernador, cada gobernadora [...] todos estemos entregados en cuerpo y alma al proceso bolivariano [...]", y repitiendo una frase de Bolívar, agrega: "donde quiera que esté una de mis partes estoy completo" (Arenas, 2007), lo que replica la fórmula absolutista del poder sintetizado en el cuerpo del rey.

porativismo de Estado suele estar asociado con "sistemas políticos en que las subunidades territoriales están estrechamente subordinadas al poder burocrático central; las elecciones o no existen o son plebiscitarias; los sistemas de partido están dominados o monopolizados por un partido único y débil; las autoridades ejecutivas son ideológicamente exclusivas de un círculo estrecho" (Schmitter, 1998: 83).[49]

Como señalamos, la proposición presidencial para modificar la Constitución fue desaprobada por el país; sin embargo, el Presidente ha seguido impulsando, por lo menos discursivamente, el socialismo y las "comunas" en el territorio, lo que quedó de manifiesto cuando anunció la más reciente de sus misiones: la misión 13 de abril, que busca, según sus palabras, fijar "los valores socialistas sobre el territorio nacional para ir conformando las comunas socialistas. Se trata de ir sembrando el socialismo desde abajo [...]".[50]

Esto significa que la consulta al pueblo sobre la reforma, para decirlo coloquialmente, cayó en saco roto. Es decir, uno de los mecanismos de democracia participativa, el referéndum, promocionado por el gobierno

---

[49]Debemos agregar que la reforma de marras planteaba la reelección indefinida sólo para el Presidente (no para el resto de las autoridades públicas elegidas), lo cual abría aún más la posibilidad de profundizar el carácter plebiscitario que posee el régimen chavista, como han sostenido, entre otros, Ramos Jiménez (2006) y Maingón y Sosa Abascal (2007).
[50]Extraído de htpp://www.aporrea.org/actualidad/n112430. html, consultado el 13 de abril de 2008.

como verdaderamente crucial para otorgarle poder de decisión al pueblo, sólo se valida cuando el resultado es favorable al interés del proyecto y se burla cuando no.[51] Del mismo modo, apenas un mes después del evento en enero de 2008, Chávez anunció la posibilidad de otro referéndum para consultar de nuevo sobre la reelección indefinida del Presidente, cuestión que se supone quedó saldada con la desaprobación de la propuesta. Hay en esto una flagrante violación de la ley y no es ocioso recordar, con John Locke (2005: 160), que "siempre que la ley acaba, la tiranía empieza".

Pero además, esta insistencia en saltar la normativa constitucional refleja una ausencia de respeto por la voluntad individual[52] de los votantes que respon-

---

[51]La experiencia sobre los referéndum en el pasado ha sido desafortunada para quienes se han atrevido a disentir del chavismo. Así, cuando una parte de la población electoral decidió recurrir a este instrumento para solicitar la revocatoria del mandato presidencial celebrado en agosto de 2004, la lista de firmantes fue utilizada por un diputado oficialista, Luis Tascón, con la complicidad del Consejo Nacional Electoral, quien le proporcionó los datos para confeccionar un registro (conocido como la "lista Tascón") a partir del cual se penalizó desde las oficinas públicas, negando empleos, contratos, etcétera, a quienes aparecieran en él.

[52]De acuerdo con Luz Marina Barreto (2007: 63), "en sociedades complejas, todo ideal utópico [y el socialismo del siglo XXI lo es] precisamente por su carácter idealista, abstracto, requiere necesariamente la anuencia del actor político para su realización. Dado que, sin embargo, la racionalidad humana está limitada por condiciones de incertidumbre, y dado que un actor político pudiera no sentirse motivado a actuar de acuerdo con lo que manda o sugiere

dieron negativamente a la consulta, en la que subyace
una aversión a la democracia no sólo liberal, como la
que profesa el Presidente desde sus tiempos antielec-
torales, sino a los principios de la democracia directa y
participativa, que intenta reivindicarse a través de las
consultas refrendarias, según se ha señalado.

Como se ha dicho, Chávez ha introducido algunas de las propuestas que se le negaron a través de la
habilitación que le fuera otorgada por la Asamblea Nacional; sin embargo, el tenor de algunas de ellas, por
ejemplo la "siembra" del socialismo y la instalación de

---

el programa utópico, el hacedor de políticas públicas que
quisiera llevar adelante su programa tiene que encontrar
la manera de forzar al actor político a actuar conforme a
los fines de la utopía, es decir a amoldar su sistema mo-
tivacional a los intereses del programa en cuestión. Así,
pues, el futuro de cualquier utopía y su eficacia política se
decide en la tensión entre lo que ella promete y la racionalidad del individuo, que en última instancia tomará sus
decisiones atendiendo a aquello que cree que le conviene
más, aun cuando esto no coincida con los fines aceptados
por la utopía como los únicos 'válidos' o los únicos 'éti-
cos'. Lo utópico en las utopías alude, pues, a anomalías en
la motivación de los agentes racionales y en la concordan-
cia entre los intereses de distintos individuos racionales".
Esta larga cita alumbra sobre aquella conducta de Chávez:
el voto en contra de su propuesta fue una simple "anoma-
lía" de los votantes que no entendieron el alcance trascendental que ésta comportaba, como sugeriría días después
de la consulta. La insistencia en llevar adelante las modificaciones está forzando a los "actores" a amoldarse a los
requerimientos de la "utopía", para seguir el lenguaje de
Barreto, con lo cual la tensión puede llegar al límite y traer
consecuencias no deseables.

las comunas socialistas, afecta sustancialmente la vida
social y no puede ser objeto de una decisión uniperso-
nal, por más habilitación que haya recibido el primer
mandatario.

En tales circunstancias no es ocioso repreguntarse
¿hasta dónde podemos hablar de democracia participativa? En un escenario como éste, ¿cuáles son los alcances de la misma?

5.3. La dinámica local: ¿el límite de la democracia participativa?

La democracia participativa corresponde principalmente a una demanda de la sociedad pero también a
una necesidad de las autoridades políticas para administrar y atender de manera más eficaz a la población,
con lo cual consolidan su legitimidad (Rosanvallon
2006: 285). No obstante, como este autor observa, dicha participación posee "una dimensión que podríamos calificar de funcional, siendo de aplicación sobre
todo a cuestiones de alcance local. Por lo mismo, es
una democracia discretamente despolitizada por la va-
nalización de la cosa misma, aunque por cierto tenga
también un innegable carácter propedéutico y peda-
gógico. No se le debe, por lo tanto, sacralizar ni ver
en ella la clave suficiente del progreso democrático"
(Rosanvallon 2006: 285).

Las formas participativas que el gobierno chavista
ha impulsado, como se ha podido observar, tienen un

marcado componente local. Se asientan en los espacios territoriales en los cuales transcurre la cotidianidad de la gente y se comparten las necesidades comunales. Estas nuevas formas de participación "incentivan la corresponsabilidad, el control social por parte de las comunidades y la transparencia en la rendición de cuentas [...]". A partir de las mismas se produce, en los sectores populares de la Venezuela de hoy, "una recomposición del imaginario colectivo, del nosotros, de lo nacional y del imaginario democrático" (Cariola y Lacabana, 2005: 22-23).

Se presume, según esta visión, que dichas formas traducen avances de la democracia, no sólo por parte de los actores gubernamentales que las impulsan, sino también por parte de académicos, sobre todo de un sector de la izquierda, nacional e internacional, quienes comparten la idea de que a partir de las mismas el pueblo adquiere mayor poder de decisión. Esta convicción, no obstante, no puede ser validada fácilmente. Requiere una discusión que incluya, al menos, varios elementos que problematicen el asunto.

En primer lugar, los estudiosos han podido constatar que las exigencias de una popular y creciente democratización, en el marco de lo que se pregona como democracia radical, no han desembocado hasta ahora en experiencias de gran escala que concreten aquellos propósitos, a pesar de casos exitosos pero muy puntuales y limitados como los de la India, Brasil y Uganda (Nederveen, 2001). Habría entonces que indagar sobre las razones por las cuales modelos como éstos no han podido extenderse y repetirse en otros espacios, a pesar de que se supone que amplían la dinámica democrática.

En segundo lugar, no siempre esfuerzos en pro de la participación comunitaria provienen de regímenes democráticos; en consecuencia, no puede transferírsele automáticamente calidad democrática a gobiernos por el sólo hecho de crear y estimular figuras participativas. Un ejemplo fresco nos lo proporciona el régimen autoritario de Alberto Fujimori en el Perú, en el marco del cual se otorgó existencia legal y personería jurídica a las organizaciones sociales de base y "se declaró de prioritario interés nacional la labor que desarrollaban los Clubes de Madres, Comités del Vaso de Leche, Comedores Populares Autogestionarios, Cocinas Familiares, Centros Familiares y demás organizaciones de base".[53]

Todo lo contrario, las formas participativas encuadradas dentro de regímenes verticales y recentralizadores pudieran más bien contribuir a reforzar estos rasgos, en tanto legitiman la autoridad del gobierno en cuestión en la población beneficiada. Aunque la democracia significa participación, implementar medios de participación comunitaria no necesariamente se traducirá en mayor democracia.

Por último, para retomar la idea que da título a esta

---

[53] Extraído de http://www.predes.org.pe/ayudatematica_pdf/programa-vaso_%leche

parte del trabajo, la democracia participativa no trasciende el radio de acción local; de modo que si a ésta la
entendemos como creadora de espacios donde los ciudadanos pueden incidir en las decisiones que fundan
los arreglos políticos fundamentales, su alcance resulta
limitado. En palabras de Rosanvallon (2006b) "la democracia participativa queda reducida a los problemas cotidianos pero ello no es la política pues la política no es
una gestión de copropietarios; la política es construir las
reglas de convivencia, vale decir la construcción de la
comunidad política [...] De todo ello se puede concluir
que lo impolítico es creer que la política es una gestión
de los problemas cotidianos y que queda reducida a los
asuntos de gobernabilidad".

En este mismo sentido, Thomson (2001: 112), alu-
diendo a las comunidades de base, enfatiza su "perfil
parroquial, de proyección limitada y de fugacidad en
sus intentos por estructurar redes de mayor alcance
territorial", de modo que "sus conexiones con los procesos democráticos mayores son limitados". Tanaka
(1998) va más lejos todavía, al sostener que "siendo las
prácticas de participación espacios pertenecientes a lo
social y lo cotidiano poco o nada podrán incidir en el
discurso de la lógica política [...] De la participación
social no se deduce y menos se altera la participación
política, esta última se ubica en espacios de interaccio-
nes diferentes e inadmisibles por ésta. Las prácticas y
el capital social de aquella esfera son intransferibles al
sistema político".

Como se constata en un estudio de la cultura de la participación ciudadana local en Perú, durante el gobierno de Fujimori, este tipo de participación "medio" o "cuasi cívica" se "agota en los compartimientos estancos y localistas en los que opera la vida política cotidiana e inmediata", dejando "las grandes decisiones y la alta política en manos casi exclusivamente del Presidente de la República, y de su partido" (Monzón, Roiz y Fernández, 1997: 123).

Nuestra perspectiva de análisis sobre el caso venezolano tiene como referente estas consideraciones. Por lo tanto pensamos que las formas comunales de participación, en especial los Consejos Comunales, no crean, como se pretende, un verdadero Poder Popular; arman sí una plataforma a partir de la cual se gestionan los problemas más próximos a las comunidades, pero sin trascendencia en los arreglos políticos que afectan verdaderamente la vida y el destino del país.[54] Los Consejos Comunales, ha sostenido Aponte (2007: 97), "son entidades que reproducen un patrón disperso de relación entre el Presidente y el mundo organi-

---

[54] Así, por ejemplo, un asunto crucial para la vida de la nación fue el *modus operandi* que el gobierno inauguró con las compañías transnacionales petroleras, a partir del diseño negociado con éstas de las empresas mixtas en el año 2006. Sin embargo, tal decisión no fue objeto de debate público y la Asamblea Nacional ni siquiera deliberó con respecto a ella; los diputados se limitaron únicamente a alzar su brazo para su aprobación. Si los canales representativos ni siquiera incidieron en una decisión de envergadura, ¿cómo podría esperarse algo distinto de los Consejos Comunales?

zacional [...] en el que es difícil que las instancias subordinadas incidan en la toma de decisiones públicas
estratégicas". Paradójicamente, quienes han llamado
explícitamente la atención sobre esto son los militantes
de la revolución bolivariana, miembros de estas unidades organizativas, que han alertado sobre "la peligro-
sa tendencia de asumir los consejos comunales como
simples planificadores y ejecutores de obras castrando
su potencial real de constructor de la nueva sociedad y
el nuevo Estado comunal" (Frente Comunal Nacional
Simón Bolívar, 2007).

El esfuerzo que ha desarrollado el proyecto chavista por crear una democracia directa y desembara-
zarse de las tensiones que crea el sistema representativo, ha pasado por la disminución de las instituciones
como las alcaldías y gobernaciones, en un intento por
revertir el proceso descentralizador en Venezuela.[55] Se

---

[55]El proceso de descentralización se inició en Venezuela en
1989, con la elección directa de alcaldes y gobernadores, lo
que de por sí significó un avance en la participación política,
pues éstos históricamente fueron escogidos por el Presidente
de la República. La Constitución de 1999, a pesar de que consagra al Estado venezolano como uno "federal y descentralizado", para lo cual se previó la figura del Consejo Federal
de Gobierno, no ha sido cumplida si tenemos en cuenta que
no ha habido avance alguno en materia de transferencia de
competencias; el Consejo Federal de Gobierno no se ha ins-
trumentado hasta hoy; se han retrasado sistemáticamente los
recursos de los estados y municipios en el nivel central; se ha
instaurado un régimen de participación centralizada, sujeta
a los recursos del poder central. Asimismo, la participación
del 29 por ciento del presupuesto nacional que los entes terri-

refuerza de este modo todavía más el centralismo y el poder omnímodo del Presidente, y con ello las prácticas autoritarias que no encuentran contrapesos —y si los encuentran son muy débiles— en las cadenas de representación intermedias, dejando el terreno despejado para el control desde arriba de las estructuras participativas. De allí que, siguiendo a Lovera (2008), puede registrarse un avance de las formas participativas en concomitancia con una regresión del proceso descentralizador en un contexto autoritario signado por quienes, desde la cúpula, pretenden determinar lo que conviene a la sociedad. Camejo (2005: 40) reconoce también que "se ha avanzado en materia de organización y movilización de los sectores populares, abriendo nuevos espacios de participación [...] Sin embargo esto ocurre en medio de un régimen político con fuertes rasgos personalistas y altos niveles de desintitucionalización que pudiera quebrar las potencialidades de participación [...]".

A pesar de las naturales tensiones entre la representación y la participación, lo saludable para la democracia no es diezmar las formas representativas sino

---

toriales habían alcanzado en 1998, disminuyó al 21 por ciento en el año 2004, al 19 en el 2005 y al 17 en el 2006, ubicando a Venezuela en los niveles de los años 80 que se creían superados (Mascareño, 2005). La disposición del Presidente de colocar por encima de gobernadores y alcaldes, autoridades regionales designadas por él a través de la ley habilitante, como hemos señalado antes, constituye la estocada final del gobierno para anular completamente este proceso.

fortalecerlas, en el entendido de que "la democracia participativa puede sólo prosperar dentro de un marco institucional que fortalezca en vez de que socave los cuerpos representativos" (Panizza, 2005: 730). Según Aponte (2007: 97), "el centralismo no puede ser efectivamente participativo, por mejores que sean las intenciones que lo nutran".

Aun cuando la democracia participativa se consume en los espacios acotados del territorio y no incide en los arreglos políticos globales, como se señaló, la anulación de las instancias de representación intermedia no haría sino profundizar aún más esa cualidad, ya que restaría un espacio natural a los liderazgos locales. Como se sabe, éstos por lo general se cultivan en las arenas de las luchas vecinales, desde las que puede viabilizarse su acceso a posiciones de autoridad representativa —alcaldías, gobernaciones, etcétera—, a partir de lo cual es posible abrir canales de incidencia en el diseño de política con sentido macrosocial, cuando se producen en el marco de un poder con alcance horizontal.

Nuestra conclusión preliminar es que la democracia participativa puede ser funcional a los populismos autoritarios, en tanto que las prácticas locales a las que se remite no generan rutas institucionales capaces de afectar las decisiones políticas de envergadura. Esto resulta más cierto todavía si las organizaciones comunales, a partir de las cuales se pretende fundar la participación, se ensamblan verticalmente, como sucede con el gobierno de Hugo Chávez. A despecho de quienes se baten en duelo por la democracia directa como alternativa a la democracia liberal, el caso venezolano pareciera mostrar que una democracia participativa con resultados más eficaces y verdaderamente respetuosa de la pluralidad, sólo puede prosperar en el marco de los sistemas liberales de representación.

6. Conclusiones

La insatisfacción con el sistema liberal de representación en el mundo ha propiciado la búsqueda de fórmulas participativas más directas. Venezuela no ha sido la excepción. Con el advenimiento del proyecto bolivariano y la Constitución de 1999, se ha desplegado una panoplia de formas organizativas destinadas a concretar el ideal de la democracia participativa.

No obstante, tal y como ha ocurrido tanto en los populismos históricos como en los de nuevo cuño, lo social carece de autonomía y la participación se valida a través de la figura carismática del líder, quien sintetiza simbólicamente al Estado y a la nación. De allí que los Consejos Comunales, desde los cuales se pretende superar definitivamente la tensión democracia representativa versus la democracia directa, dependan verticalmente del Presidente. He aquí una primera limitación para el empoderamiento de la sociedad que se proclama.

Por otro lado, hasta ahora las experiencias de democracia participativa en el mundo no trascienden los asuntos locales y se muestran limitadas para incidir efectivamente en decisiones de envergadura que afecten los arreglos sobre los cuales se construye la comunidad política.

A pesar de que puede constatarse una movilización de las energías participativas de la población en Venezuela, al discurrir ésta solamente en los estrechos espacios territoriales, la democracia participativa evidencia que puede ser funcional al populismo autoritario: las dinámicas de poder encuadradas verticalmente no resultan impactadas por la acción de las prácticas organizativas localizadas. Democracia participativa, entonces, no necesariamente puede ni debe traducirse en mayor democracia.

Bibliografía

Álvarez, Ángel (2002), "El Estado y la revolución protagónica" en Adriana Ramos Rollón (Ed.) *Venezuela: rupturas y continuidades del sistema político* (1999-2001), Salamanca: Universidad de Salamanca. Págs. 97-120.

Anderson, Krister and van Laerhoven, Frank (2007), "From local strogman to facilitor: institucional incentives for participatory municipal governance in Latin America" *Comparative Political Studies*, Vol. 40, N° 9, September, pp 1085-1111.

Aponte Blank, Carlos (2007), *La política social venezolana: marco de referencia para su análisis*, Proyecto de investigación Redefinición de la democracia y la ciudadanía en Venezuela: nuevas relaciones entre Estado y sociedad civil. Área de desarrollo sociopolítico, Caracas: Cendes, Universidad Central de Venezuela.

Arenas, Nelly (2007), "Chávez. El mito de la comunidad total", *Perfiles Latinoamericanos* FLACSO, México julio-diciembre.

Arenas, Nelly y Gómez Calcaño, Luis (2007), "El régimen populista en Venezuela: ¿avance o peligro para la democracia?", *Revista Internacional de Filosofía política*, Número 28, Dossier "La izquierda en Iberoamérica", a revisión, págs. 5-44

Arendt, Hannah (1997), *¿Qué es la política?*, Barcelona: Paidós.

Arvelo Ramos, Alberto (1998), *El dilema del chavismo. Una incógnita en el poder*, Caracas: Ediciones Centauro.

Baptista, Asdrúbal (2004), *El relevo del capitalismo rentístico. Hacia un nuevo balance de poder*, Caracas: Fundación Polar.

Baptista, Asdrúbal (2003), "Las crisis económicas del siglo XX venezolano" en Patricia Márquez y Ramón Piñango (Eds.) *Realidades y caminos en esta Venezuela*, Caracas: Ediciones IESA. Págs. 49-142.

Barber, Benjamín (1998), "Un marco conceptual: política de la participación" en Rafael del Aguila, Fernando Vallespín y otros, *La democracia en sus textos*, Madrid: Alianza.

Barreto, Luz Marina (2007), "El socialismo del siglo XXI y los límites de las utopías en la racionalidad y la motivación humanas" *Colombia Internacional*, número 66, julio-diciembre, págs. 52-69.

Bastidas Delgado, Oscar (s/f), "Cooperativas a fondo perdido". Portal *Venezuela Cooperativa*. Disponible en http://www.venezuelacooperativa.org/portal/modules.php?name=News&file=article&sid=71

Blanco Muñoz, Agustín (1998), *Habla el Comandante*, Caracas: Universidad Central de Venezuela.

Boitía, Alejandro (2006), "Comunidades asumirán gestión directa de recursos", *Aporrea*.org, Fecha de publicación: 13/03/06. Disponible en http://www.aporrea.org/poderpopular/n74442.html

Camejo, Iraima (2005), *La propuesta democrática y sus desplazamientos en el proyecto bolivariano* Informe al Consejo de Desarrollo Científico y Humanístico (CDCH), Caracas: Universidad Central de Venezuela.

Canovan, Margaret (1999), "Trust the people: Populism and the two faces of democracy" *Political Studies*, Vol. 47, XLVII, págs. 2-16.

Cariola, Cecilia y Lacabana, Miguel (2005), "Los bordes de la esperanza: nuevas formas de participación popular y gobiernos locales en la periferia de Caracas", *Revista Venezolana de Economía y Ciencias Sociales*, enero, Vol.11, No.1, p.021-041.

Castañeda, Jorge (2006), "Latin America's left turn", *Foreign Affairs*, May-Jun, Vol. 85, págs. 28-43.

Cavarozzi, Marcelo (1993), "Transformaciones de la política en la América Latina contemporánea", *Análisis político*, número 19.

Ceresole Norberto (2000) *El Universal*, 27-05

Combellas, Ricardo (2002), "La Constitución de 1999 y la reforma política: implicaciones para la gobernabilidad democrática", *Revista Venezolana de Ciencia Política*, número 22, págs. 9-30.

Coppedge, Michael (2002), "Soberanía popular versus democracia liberal en Venezuela" en Marisa Ramos Rollón (Ed.) *Venezuela: rupturas y continuidades del sistema político* (1999-2001), Salamanca: Universidad de Salamanca. Págs. 97-120.

Chávez Frías, Hugo (2004) "Agenda Alternativa Bolivariana. Una propuesta patriótica para salir del laberinto" en Garrido, Alberto *Documentos de la revolución bolivariana*, ediciones del autor, Mérida.

De la Torre, Carlos (2004), "Un balance crítico a los debates sobre el nuevo populismo" en K. Weyland, C. De la Torre y otros, *Releer los populismos*, Quito: Ediciones del Centro Andino de Acción Popular. Págs. 51-78.

Freidenberg, Flavia (2007), *La tentación populista. Una vía al poder en América Latina*, Madrid: Síntesis.

Frente Nacional Comunal Simón Bolivar (2007), "I Manifiesto del primer encuentro nacional de Consejos Comunales". Disponible en htpp://frentecnsb.blog.com.es

García Guadilla, María del Pilar (2006), "Organizaciones sociales y conflictos sociopolíticos en una sociedad polarizada: las dos caras de la democracia participativa en Venezuela", *América Latina Hoy*, número 42, pp 37-60.

García Guitian, Elena (1998), "El discurso liberal: democracia y representación" en Rafael del Aguila, Fernando Vallespín y otros, *La democracia en sus textos*, Madrid: Alianza.

Gómez Calcaño, Luis (2007), *La disolución de las fronteras: sociedad civil, representación y política en Venezuela*, Proyecto de investigación Redefinición de la democracia y la ciudadanía en Venezuela: nuevas relaciones entre Estado y sociedad civil. Caracas: Cendes-Universidad Central de Venezuela.

González Marragot, Miguel (2007a), "La ley de los Consejos Comunales un año después". *Analítica*.com, Opinión y Análisis, Caracas. Disponible en http://www.analitica.com/va/politica/opinion/9285307.asp

González Marragot, Miguel (2007b), "Consejos Comunales ¿para qué?". *Analítica*.com, Opinión y Análisis,

Caracas. Disponible en http://www.analitica.com/va/politica/opinion/7483372.asp

Ianni, Octavio (1975), *La formación del Estado populista en América Latina*, México D.F.: Editorial Era, Serie popular.

Lander, Edgardo (2007), "Contribución al debate sobre la propuesta de Reforma Constitucional". Circulado por Internet, consultado en septiembre de 2007.

Lefort, Claude (2004), *La incertidumbre democrática. Ensayos sobre lo político*, Barcelona: Editorial Anthropos.

Linz, Juan y Stepan, Alfred (1996), *Problems of democratic transition and consolidation*: Baltimore (Maryland): The Johns Hopkins University Press.

Linz, Juan (1975), "Totalitarian and authoritarian regimes" en F. I. Greenstein and N. W. Polsby (Comps.), *Handbook of Political Science Reading*: Boston (Mass.): Addison-Wesley.

Locke, John (2005), *Ensayo sobre el gobierno civil*, Buenos Aires: Ediciones Gradifco.

López Maya, Margarita (2007), "Consejos comunales" columna Historiando el presente, *Ultimas Noticias*, 4 de febrero.

Lovera, Alberto (2008), "Los Consejos Comunales, rehenes del centralismo" primer borrador de trabajo. Caracas: IDEC, Universidad Central de Venezuela.

Maingón, Thais (2004), "Los Consejos Locales para la Planificación Pública: ¿nuevos espacios para la participación ciudadana?", IX Congreso Internacional del CLAD sobre la Reforma del Estado y de la Administración Pública, Madrid, España, 2 – 5 Nov. Disponible en http://www.clad.org.ve/fulltext/0050302.pdf

Maingón, Thaís y Sosa Abascal, Arturo (2007), "Los Consejos Comunales: espacios para la construcción de ciudadanía y el ejercicio del poder popular?". Proyecto de investigación Redefinición de la democracia y la ciudadanía en Venezuela: nuevas relaciones entre Estado y sociedad civil. Área de Desarrollo Sociopolítico. Caracas: Cendes-Universidad Central de Venezuela.

March, Luke (2007), "From vanguard of the proletariat to vox populi: left-populism as a 'shadow' of contemporary socialism", *SAIS Review*, Vol. XXVII, número 1 (Winter-Spring), págs. 63-77.

Mascareño, Carlos (2005), "Descentralización, recentralización y sociedad civil" en *Venezuela Visión Plural. Una mirada desde el Cendes*, Vol 22, N° 059, Caracas: Cendes-Universidad Central de Venezuela. Págs. 146-163.

Mascareño, Carlos (2008), "Descentralización y democracia en Latinoamérica: ¿una relación directa? Elementos conceptuales para su estudio". Pos-Doctoral Fellowship. Latin American Studies Center, Maryland University.

Maza Zavala, Domingo Felipe (2008), "Ahora en Venezuela hay más pobreza", entrevista de Joaquín Ibarz en *La Vanguardia*, 11 de febrero, circulando por Internet.

Mc Laverti, Peter (2001), "Introduction" en Peter Mc Laverty (Ed.) *Public participation and innovation in community governance*, Hampshire (UK): Ashgate Publisher, págs. 1-11.

Mires, Fernando (2006), "Prologo" en Nelly Arenas y Luis Gómez Calcaño, *Populismo autoritario: Venezuela 1999-2005*, Carcas: Cendes y CDCH, Universidad Central de Venezuela.

Molina Camacho, Carlos José (s/f), "Los cooperativistas estamos confundidos". Portal *Venezuela Cooperativa*. Disponible en http://www.venezuelacooperativa. org/portal/modules.php?name=News&file=article&s id=229

Morlino, Leonardo (1995), "Los autoritarismos" en Gianfranco Pasquino (Comp.) *Manual de Ciencia Política*, Madrid: Alianza Universidad. Págs. 129-173.

Monzón, Cándido; Roiz, Miguel y Fernández, Mercedes (1997), "Perfiles de una cultura política autoritaria: el Perú de Fujimori en los años noventa", *Revista Mexicana de Sociología*, LIX, número 2, abril-junio, págs. 93-128.

Nederveen, P. Jan (2001), "Participatory democratization reconceived", *Futures*, N° 33, págs. 407-422.

O' Donnell, Guillermo (1997), *Ensayos escogidos sobre autoritarismo y democratización* , Buenos Aires: Paidós.

O' Malley, Anthony (2001), "The prospects for Community-Based development" in Henry Veltmeyer and Anthony O' Malley (Eds.) *Trascending Neoliberal. Community-Based Development in Latin America, Quicksilver Drive*, Sterling (VA): Kumarian Press. Págs. 205-219.

Panizza, Francisco (2005), "Unarmed utopia revisited: the resurgense of left-of-centre politics in Latin America" *Political Studies*, vol. 53, págs. 716-734.

Patruyo, Thanaly (2007), "Tensiones y estrategias para el rescate de la política: los partidos políticos y las seducciones de la anti-política." Proyecto de investigación Redefinición de la democracia y la ciudadanía en Venezuela: nuevas relaciones entre Estado y sociedad civil. Área de desarrollo sociopolítico. Caracas: Cendes- Universidad Central de Venezuela. (mimeo).

Ramos Jiménez, Alfredo (2006, "De la democracia electoral a la democracia plebiscitaria. Elecciones y referendos en la Venezuela de Chávez", *Revista Venezolana de Ciencia Política*, N° 29, enero-junio, págs. 7-37.

Rey, Juan Carlos (2007), "Es inconstitucional mantener en secreto la reforma constitucional", *El Nacional*, 25 de febrero (entrevista realizada por Celina Carquez).

Roberts, Kenneth M. (2007), "Latin America's populist revival", en *SAIS Review*, XXVII, N° 1 (Winter-Spring).

Rodríguez, Juan Carlos y Josh, Lerner (2007), "¿Una nación de Democracia Participativa?", *SIC*, N° 693, abril, págs. 115-125.

Rosanvallon, Pierre (2003), *Por una historia conceptual de lo político*, México D.F.: Fondo de Cultura Económica.

Rosanvallon, Pierre (2006a), "Las contradicciones y los desafíos de la democracia." Entrevista realizada por Genevine Verdo y Clement Thibaud, 20 de septiembre. Circula en varios sitios de la web.

Rosanvallon, Pierre (2006b), "La crisis de la democracia."Conferencia dictada en la Facultad de Economía y Ciencias Sociales, Universidad Central de

Venezuela, 17 de noviembre. Caracas.

Rosanvallon, Pierre (2007), *La contrademocracia. La política en la era de la desconfianza*, Buenos Aires: Manantial.

Rubio, Ana Victoria (2005), "El Consejo Local de Planificación Pública como medio de participación comunitaria en el Municipio Valera, estado Trujillo, Venezuela" *Cayapa Revista Venezolana de Economía Social*, Año 5, Nº 10, julio – diciembre.

Shamis, Hector E. (2006), "A 'left turn' in Latin America? Populism, socialism, and democractic institutions", *Journal of democracy*, Vol. 17, number 4, Octuber, págs. 20-34.

Schedler, Andreas (2004), "Elecciones sin democracia. El menú de la manipulación electoral" *Estudios políticos*, número 24, enero-junio, págs. 137-156.

Tanaka, Martin (2006), "El agotamiento del modelo neoliberal y el resurgimiento de la izquierda en los países andinos" en Pérez Herrero (Ed.) *La "izquierda" en América Latina*, Quito: Pablo Iglesias. Págs. 253-272.

Tanaka, Martin (1998), "El agotamiento de la democracia participativa y el argumento de la complejidad (argumentos para una refundación)", *Debates en Sociología*, número 23-24, págs. 55-76.

Thomson, Ken (2001), *From neighborhood to nation. The democratic foundations of civil society*, Boston (Mass.): Tufts University.

Valenzuela, Eduardo (1991), La experiencia nacional-popular ", *Proposiciones*, Vol. 20. Santiago de Chile: Ediciones SUR. Disponible en http://www.sitiosur.cl/r.

php?id=696.

Velásquez, David (2007), "Consejos comunales son el combustible de los cinco motores constituyentes", Caracas: Agencia Bolivariana de Noticias.

Documentos oficiales

Constitución de la República Bolivariana de Venezuela, Caracas, diciembre de 1999.
Gaceta Oficial extraordinaria (2006) número 5.806, 18 de mayo, Caracas.
Presidente Hugo Chavez (2007) "Anteproyecto para la Primera Reforma Constitucional. Propuesta del Presidente Hugo Chávez, agosto. Presidencia de la República.

Prensa

Gómez Elvia "Si la oposición gana, los niños no tendrán futuro" reportaje publicado en *El Universal* 21-07-2008.
Documentos en línea

Agencia Bolivariana de Noticias (ABN) "El pueblo será protagonista de Misión 13 de abril" (htpp://www.aporrea.org/actualidad/n112430.html 13-04-2008).
Democracia radical. Crítica al proceso Constituyente del Movimiento V República en http.www.demopunk.net/sp/intern
Consejo Local de Planificación Pública en htpp.//portal.

gobiernolinea.ve/cartelera/ConsejoLocal Planificación Publica

"Consejos Comunales harán vigilancia revolucionaria" (2008) www.eluniversal.com

Prensa Asamblea Nacional (2006) "Aprobada reforma parcial a Ley de los Consejos Locales de Planificación Pública" www.consejos locales.org/modules.php

Ley de los Consejos Comunales http://www.asambleanacional.gov.ve/ns2/leyes.

Ley de los Consejos Comunales http://www.scribd.com/doc/9774/Ley-de-los-consejos-comunales

Movimiento revolucionario tupamaro Trujillo (2008) "Mérida: Consejo comunal asume la 'papa caliente' de la planta de tratamiento de desechos sólidos" en htpp://tupamaro-trujillo.nireblog.com

"Cooperativas serán Empresas de Producción Social" (2005) www.minci.gov.ve

Asamblea Nacional (2007) sesión especial www.asambleanacional.gov.ve

"Venezuela: están parcializados los nuevos magistrados del Tribunal" en http://infovenezuela.org/cap1_es_2.htm.

I Manifiesto del I Encuentro Nacional de Consejos Comunales" (2007) Htpp.//frentecnsb.blog.com.es 28-04

"Poder Popular de la Guardia Nacional"(http://www.poderpopulargn.mil.ve/vew/nosotros.php)

"El programa del vaso de leche en Perú" (http://www.predes.org.pe/ayudatematica_pdf/programavaso_%leche

¿Son los Consejos Comunales un instrumento populista del gobierno de Chávez? Comentarios al trabajo "El Gobierno de Chávez: democracia, participación y populismo", de Nelly Arenas.

Haydée Ochoa Henríquez*

El tema de la participación en Venezuela ha ocupado la atención de numerosos autores a lo largo del periodo democrático. El interés por éste se ha intensificado en los últimos años por un proceso de transformación en el país que privilegia la participación y, más recientemente, con la promoción por parte del gobierno de Hugo Chávez de los Consejos Comunales, como estrategia de participación. No obstante, la abundante producción de conocimiento sobre aquéllos ha estado orientada más por la necesidad de denuncia que por la búsqueda de explicación. El trabajo de Nelly Arenas, titulado "El gobierno de Hugo Chávez: democracia, participación y populismo", constituye desde esta perspectiva un aporte al debate sobre la búsqueda de explicación de los Consejos Comunales. El comentario que hacemos en este momento al trabajo referido busca contribuir a ese necesario debate.

1. El argumento central del trabajo: el gobierno de Chávez es populista

Los Consejos Comunales tienen lugar, según la Profesora Arenas, en el contexto de un gobierno populis-

*Investigadora, Universidad de Zulia.

ta, planteamiento que realiza teniendo cuidado de no utilizar como ejemplos los gobiernos que anteceden a Chávez; en tal sentido, con el actual mandatario se inauguraría el populismo en Venezuela. Nelly Arenas busca las referencias comparativas del populismo de Chávez en otras latitudes latinoamericanas: Perón en Argentina y Fujimori en Perú.

El populismo de Chávez es, en el texto citado, producto de un vacío en la definición del modelo de sociedad que orientaría al gobierno, el cual asume así muchos de los rasgos que distinguieron al gobierno de Perón. La orientación de izquierda populista se ve favorecida, de acuerdo con la autora, por la existencia de recursos estratégicos como el petróleo. Arenas, por un lado, dice que hay un vacío de definición en la orientación del Gobierno, pero por otro lo ubica como uno de izquierda; he allí una contradicción.

En el trabajo mencionado el calificativo populista se da a gobiernos que rechazan los partidos políticos, concentran el poder en el Presidente de la República con tendencias autoritarias (en ellos puede haber acceso al poder, pero sin ejercicio democrático del mismo), realizan promesas que no cumplen y, entre otros rasgos de liderazgo, no les agradan las organizaciones formales. Estos rasgos se han venido profundizando en el gobierno de Chávez, según la autora.

Lo primero que es necesario destacar es que Arenas se ubica en una concepción del populismo reducida a aspectos que definen el estilo político del gobierno, ignorando los objetivos que inciden en el estilo, lo cual le permite "meter en el mismo saco" a Perón, a Fujimori y a Chávez.

La opción de definición del populismo reducido al estilo de dirigir ha tenido sus expositores lo largo de la historia del pensamiento político latinoamericano; es, a nuestro juicio, válida para describir una dimensión de los gobiernos, pero dejar el análisis de un gobierno hasta allí es simplismo metodológico, es excluir una de las dimensiones más importantes de los gobiernos: el proyecto de sociedad que impulsa, el cual podría estar exigiendo determinados rasgos políticos, por ejemplo un liderazgo fuerte, generalmente calificado de autoritario, aun cuando son cuestiones diferentes. La definición de gobiernos populistas en una perspectiva más amplia o multidimensional, considera no sólo el estilo de gobierno, sino también el proyecto social en general y sus múltiples variables; ha señalado Vilas: "Como todo fenómeno complejo —y no hay régimen social o político que no lo sea— el populismo tuvo dimensiones e ingredientes políticos, ideológicos, discursivos, estructurales, estilos de liderazgo, etcétera, que posiblemente no fueron originales en sí mismos o aisladamente considerados, pero cuya peculiar combinación dio origen a nuevos rasgos y definió la caracterización específica del conjunto" (Vila, 2003: 15). En esta perspectiva de consideración de otras variables, especialmente la económica, el populismo correspondió a una etapa del desarrollo del capitalismo en América latina, donde predominaron la economía por sustitución de importaciones, políticas de redistribución del ingreso y disminución de disparidades sociales, que dieron respuesta tanto a demandas sociales como a necesidades de acumulación del capital local, con una activación social restringida por los requerimientos empresariales; hay, como dice Vilas (2003: 15), una articulación entre distribución del ingreso, empleo, consumo y producción como necesidad del capital, modelo que corresponde al pasado, muy distante de la economía de mercado.

Calificar el gobierno de Chávez como populista, tanto en la concepción reducida como en la ampliada, es un error que sacrifica la comprensión de lo que se ha llamado el fenómeno Chávez. Las distintas dimensiones del populismo, tanto el estilo de gobierno como su contenido, deben ser profundizadas para evitar, como dice Vila (2003: 135), el estiramiento conceptual, que a nuestro juicio hace daño al avance del conocimiento de una realidad inédita, y que como tal requiere poner en tensión viejos conceptos.

Nuestra tesis es que la gestión de Chávez no es populista, ni desde la concepción reducida ni de la ampliada, en ninguna de sus etapas. Al gobierno de Chávez (cualquier gobierno) es necesario verlo dinámicamente, lo cual marca etapas que diferencian, en este caso, más el contenido que el estilo.

En primer lugar, en los inicios de su gobierno, como dice Arenas, Chávez adoptó un discurso contra el neoliberalismo, además, decimos nosotros, en reiteradas oportunidades se refirió al capitalismo salvaje; al lado de esto, la nueva Constitución promovida por Chávez establece la propiedad privada y deja plasmados una serie de principios que le ponen límites al capitalismo, tales como la igualdad, la justicia social y el control del Estado sobre sectores estratégicos de la economía. Son principios que adquieren expresión en el articulado de la Constitución de la República Bolivariana de Venezuela (CRBV), aprobada en el gobierno de Chávez, y en un conjunto de leyes que se han impulsado en el ámbito de ésta. En otras palabras, sí está delimitado el modelo social, aunque inicialmente a grandes rasgos; los rasgos más específicos se han ido definiendo en el marco de una dinámica política altamente conflictiva. Se trata de un proyecto a todas luces, usando las palabras de Lander (2004), contrahegemónico, que ha requerido de un liderazgo fuerte, de enfrentamiento con las elites (nacionales e internacionales) históricamente favorecidas por un modelo que colocaba cada vez más a las mayorías sociales por debajo de los intereses del capital.

El modelo promovido por Chávez, en una primera etapa de su gobierno, sin dejar de ser capitalista, lesiona los intereses del capital a favor de la igualdad y la justicia social, con un mayor peso del Estado. Basta tener en cuenta las 49 leyes aprobadas, consideradas, como hemos dicho en nuestro trabajo, comunistas y que atentan contra la propiedad privada, con un alto contenido social, favorecedor de los intereses de la nación y de quienes históricamente han estado subordinados a los intereses del capital. A modo de ejemplo, la Ley de Tierras (una de las 49 leyes conflictivas) señala en su exposición de motivos: "Las tierras propiedad del Estado o, previa expropiación, las tierras propiedad de particulares que se encuentren improductivas, podrán ser otorgadas en adjudicación a aquellos sujetos dedicados a la actividad agraria rural que demuestren aptitud para transformarlas en fondos productivos". Se trata, como hemos manifestdo en un trabajo anterior (Ochoa, 2003), de una política que toca estructuras de poder establecidas a lo largo del periodo de democracia representativa. Igualmente, la Ley de Pesca afecta intereses económicos de grandes empresarios y favorece la pesca artesanal que aporta entre 70 y 80 por ciento de la producción pesquera. "A través de esta ley se reserva a los pescadores artesanales la franja de seis millas en relación a la costa, de modo que la pesca industrial de arrastre podrá realizarse sólo a partir de ese límite. Es una política que enardeció a los pescadores industriales acostumbrados a trabajar desde la costa, desplazando a los artesanos y creando serios problemas ambientales, a pesar de las tendencias internacionales de eliminar la pesca de arrastre de las zonas costeras" (Ochoa, 2003). La Ley de Hidrocarburos es otra ley conflictiva que permite recuperar intereses nacionales afectando intereses trasnacionales. A esto se agrega que desde los inicios del gobierno, Chávez

frenó los procesos de privatización que estaban programados a lo largo de los años noventa, retornando
a una matriz de Estado céntrico que se distancia de la
propia del populismo, a la cual hace referencia Arenas,
en tanto el Estado ahora privilegia los intereses de las
mayorías sociales. Son políticas que van mucho más
allá de las del modelo populista, cuyo nivel de favorecimiento de los sectores populares tiene como límite,
como hemos dicho antes, los intereses del capital.

Según la Nelly Arenas estas 49 leyes fueron objeto
de conflicto por no haberse puesto a discusión; es para
ella un problema de estilo político del líder, no un problema de oposición al modelo social que se promueve;
es, por lo tanto para la autora, la forma y no el contenido la razón de la oposición a dichas leyes, liderada
por los empresarios. ¿Desde cuándo los empresarios
se oponen a leyes por no haber sido discutidas?; la
historia ha demostrado, por el contrario, que cuando
a los sectores económicos les conviene la orientación
del país, no tienen ningún problema en apoyar dictaduras. ¿Desde cuándo ocurre un golpe de Estado porque no fueron discutidas unas leyes?; luce ingenuo el
argumento de la no participación para oponerse a las
leyes; además, como señalamos en nuestro trabajo, la
consulta se hizo a través de estrategias que permitieron incorporar a los afectados a lo largo del periodo de
democracia representativa.

La promoción del nuevo modelo no se ha quedado en el discurso, sino que ha avanzado, en la práctica, en la oposición sistemática de los sectores afectados, pasando por un golpe de Estado y un paro económico y petrolero que dejó cuantiosas pérdidas al país. Estos eventos marcaron lo que consideramos una nueva etapa en el proceso de transformación del país, en la cual se da un salto en la implementación de los derechos sociales establecidos en la Constitución y en general en el nuevo marco institucional, con el desarrollo de programas sociales universalistas denominados Misiones, a través de los cuales se expande el servicio de salud, incluso en los niveles de especialización, y se atiende a toda la población sin cupo en la educación de los niveles de primaria, secundaria y universitaria, de modo que no se trata de promesas incumplidas.

Promover la igualdad y la justicia social en el ámbito capitalista puede parecer, sobre todo en el contexto neoliberal, ingenuo o demagógico. Más allá de estos extremos, se trata de una alternativa que ha permitido, por una parte, mejorar las condiciones de vida de los venezolanos, lejos de promesas incumplidas propias del estilo demagógico populista. La intención es avanzar en la creación de condiciones hacia un nuevo modelo de sociedad, donde el capitalismo quede desplazado como sistema dominante. Asimismo, ha permitido adelantar en el ejercicio democrático directo, favoreciendo el "empoderamiento" de quienes hasta ahora han estado marginados del poder, lo que también está lejos del autoritarismo que le atribuye Arenas al gobierno de Chávez.

Una tercera etapa la marca el triunfo del chavismo en las elecciones de los gobiernos subnacionales, que tiñó de rojo (color que identifica al chavismo) el mapa del país, debido al triunfo casi total de las fuerzas que apoyan a Chávez en las gobernaciones, así como la Asamblea Nacional, producto del retiro de los partidos de la oposición, del proceso electoral. Es desde este momento que Chávez habla de socialismo del siglo XXI, sobre cuya base desarrolló su campaña electoral de 2006 para la reelección, y si bien es cierto, como dice Nelly Arenas, que no se define lo que es el socialismo del siglo XXI, también es cierto que en sus alocuciones semanales por radio y televisión se dan ejemplos de lo que sería este modelo de sociedad, dejando ver que se trata de profundizar el que viene en marcha desde 1999. La propuesta de reforma constitucional deja también intacta la propiedad privada, pero amplía los tipos de propiedad que el Estado promovería, concretamente: propiedad pública, propiedad social directa, propiedad social indirecta y propiedad colectiva. Evidentemente se buscaba darle rango constitucional a avances que en la práctica se han venido desarrollando en cuanto a promover nuevas formas de propiedad.

Todo este proceso de búsqueda de un nuevo proyecto de sociedad ha tenido como hilo conductor un ejercicio democrático, tanto de la democracia representativa como de la participativa, y aquí entramos en el tema del estilo político del gobierno de Chávez, que es lo que lo define Nelly Arenas como un gobierno populista.

Es difícil encontrar un gobierno venezolano, e incluso latinoamericano, en el cual se hayan producido más elecciones que en el de Chávez para escoger representantes. Más allá del pasado golpista del mandatario, y de su resistencia a los procesos electorales en los primeros años, después de intentar dar un golpe de Estado, la democracia representativa es una realidad en Venezuela a lo largo del periodo del actual gobierno, con avances importantes en la transparencia del sistema de gestión electoral, administrado por el poder electoral. El acceso al poder por la vía electoral no sólo le ha permitido a Chávez ejercer la representación, sino que, al contrario de lo que plantea Arenas, desde su posición de gobernante electo ha promovido la democracia directa, a través de un proceso de ensayo de diversas alternativas de organización social de base.

Para Nelly Arenas, desde el inicio de la democracia y antes de la llegada de Chávez, una de las transformaciones más importantes de la sociedad "fue la aparición de organizaciones y movimientos sociales que nutrieron el escenario sociopolítico con nuevas identidades, maneras de asumir la ciudadanía y proyectos democráticos de sociedad". Desde nuestra perspectiva, las organizaciones sociales de ese periodo están lejos de constituirse en organizaciones democratizadoras de ellas mismas y de la sociedad. Los grupos conformados a lo largo de la democracia representativa no son ajenos al contexto en el cual existieron, pues en general respondieron a los requerimientos de liderazgo de los partidos políticos del llamado Pacto de Punto Fijo, que desembocó en gobiernos populistas, ejemplo paradigmático lo constituyeron las Asociaciones de Vecinos. Por el contrario, organizaciones como las que menciona Arenas (las Mesas Técnicas de Agua y los Comités de Salud), menos cooptadas por los partidos políticos, tuvieron un perfil muy bajo antes del gobierno de Chávez.

Es en el marco de la promoción de la democracia directa, por parte de este gobierno, cuando adquieren visibilidad y relevancia las Mesas Técnicas de Agua y los Comités de Salud. Promovidas por la actual administración existían en 2006 más de 2 000 Mesas Técnicas de Agua, instaladas a lo largo y ancho del país, que han logrado incrementar la dotación de agua potable, colaborando así con el freno a la privatización de este servicio de primera necesidad, cuyos principales beneficiarios son los sectores populares.

En este proceso de ensayo de democracia participativa resaltan dos estrategias: los Consejos Locales de Planificación Pública y los Consejos Comunales; los primeros, nos dice Nelly Arenas, han tenido diversos problemas, entre éstos la intervención del Ejecutivo a través del Ministerio de Planificación y Desarrollo, lo que les resta autonomía. No obstante, diversos trabajos han puesto sobre el tapete, reconoce la autora, obstáculos desde los propios gobiernos subnacionales, por cierto comprometidos con el proyecto de transformación que impulsa el gobierno nacional. La respuesta sería, según Arenas, los Consejos Comunales, más populismo y centralismo, veamos esto más detenidamente.

2. Una conclusión: Los Consejos Comunales limitan el empoderamiento de la sociedad por la dependencia del Presidente

De acuerdo con Arenas, con un gobierno que disminuye cada vez más el juego democrático los Consejos Comunales son una forma de lograr el control absoluto de la sociedad. Señala que son organizaciones que se partidizan y se espera que profundicen el socialismo. Aquí cabe hacer una pregunta: ¿existe alguna organización de base cuyos miembros no tengan inclinaciones políticas?, antes y ahora las organizaciones de la sociedad las tienen. Lo más probable es que la gran mayoría de miembros de los Consejos Comunales pertenezcan al Partido Socialista Unido de Venezuela (PSUV), impulsado por el Presidente de la República, y que desde éste y desde los Consejos Comunales mayoritariamente comprometidos con el proceso de transformación, se promueva el proyecto socialista. Decir que esto significa lograr el control absoluto de la sociedad es olvidar que existe una oposición en el país, que también se organiza en Consejos Comunales y que bajo ninguna circunstancia apoyaría el proyecto socialista; los Consejos Comunales no son ajenos a la confrontación política imperante en el país; existirán, como de hecho existen, los que estén estrechamente vinculados a los partidos de oposición; desconocer esto es suponer que no hay oposición en el país. En Maracaibo, la segunda ciudad más importante del país, el principal partido de oposición actualmente tiene mayoría; el gobernador del estado pertenece a este partido, es de esperar, como realmente sucede, que los miembros de una gran cantidad de Consejos Comunales militen en el partido del gobernador. La referencia que hace Arenas a la protesta por la politización de los Consejos Comunales en el puente sobre el lago de Maracaibo o Puente Rafael Urdaneta, proviene de estas organizaciones; dichas tensiones, como las llama Arenas, son inevitables, puesto que los Consejos Comunales son parte de la sociedad, hoy más que nunca polarizada por la consciencia de las diferencias objetivamente existentes.

El apoyo al llamado de Chávez y otros líderes del chavismo, a trabajar desde la base por el socialismo, está vinculado con la existencia de un proyecto de transformación que comparten las mayorías y, como parte de éste, con un proyecto de participación en el cual la convocatoria es a la organización para asumir el poder. Es un proceso con profunda diferencia de promoción de la participación y su cooptación por los partidos políticos vinculados a la democracia representativa, cuyo ejemplo más evidente son las viejas asociaciones de vecinos controladas por los intereses de Acción Democrática, el llamado partido del pueblo. Por supuesto que los riesgos de partidización de las organizaciones sociales, alejadas del proyecto que las beneficia, siempre existen; la vieja cultura clientelar no se supera de la noche a la mañana, a pesar de los esfuerzos por construir un partido diferente a través del PSUV.

Para Nelly Arenas los Consejos Comunales dependían de los Consejos Locales de Planificación Pública (CLPP), pero ahora son controlados por el Presidente de la República, con lo que se interrumpen los vehículos de comunicación entre los gobiernos locales y las comunidades. Un tema que le preocupa a la autora es el debilitamiento de los niveles intermedios de gobierno, los cuales ve anulados con el sistema de participación directa. Aquí es importante acotar que el proceso de descentralización político-territorial impulsado en los años noventa asumió rasgos centralistas y dejó muy pocas experiencias de participación de la sociedad. ¿No es esto autoritarismo?

Los Consejos Comunales ni dependían de los CLPP ni dependen de la Presidencia de la República, ni formalmente ni en la práctica, pues son instancias de la sociedad que, según la Ley de los CLPP, tienen una participación que va más allá de la elección de representantes. Los Consejos Comunales deben ser consultados en el proceso de planificación, con lo cual éste se fortalece como proceso participativo, cuestión que no estaba prevista en la primera Ley de los CLPP. Desde esta perspectiva, los Consejos Comunales no dependen de los CLPP, ni la comunicación se ha interrumpido, como señala Nelly Arenas, al contrario, el trabajo de estos últimos depende del aporte de los primeros. Tampoco ha disminuido la capacidad de los gobiernos locales (ni de ningún gobierno), como sugiere Arenas, frente a requerimientos de articulación entre los Consejos Comunales; todos los gobiernos están obligados a brindar información a cualquier ciudadano y organización social; por otra parte, las comunidades no pueden tomar decisiones contrarias a la normativa de cualquier nivel del Estado. Las decisiones de la Asamblea de Ciudadanos son un mandato para la sociedad y para el Estado, pero en el marco institucional establecido.

Según la Ley de los Consejos Comunales, éstos deben registrarse en la Presidencia de la República o en la unidad organizativa que ella designe, lo cual los reviste de personalidad jurídica. Para este proceso de registro el Gobierno ha designado a la Fundación para la Promoción y el Desarrollo del Poder Comunal (FUNDACOMUNAL), institución dependiente del gobierno central; esto no es relación de dependencia, aunque sí información centralizada, lo que es necesario para cualquier Estado que pretenda gobernar para la sociedad como un todo. Lo anterior resuelve un problema de información que antes existía: la dispersión del registro en los niveles subnacionales, donde no hay posibilidades de manejar información sobre estas organizaciones a nivel nacional. No se trata de un problema técnico, sino político, siendo la participación directa una política del Gobierno; es inconsistente dejar fragmentado el registro de información y la promoción de estas organizaciones. No está disminuida la intervención de los niveles subnacionales en el proceso de promoción de los Consejos Comunales, incluso los CLPP están obligados a llevar registro de los Consejos Comunales existentes en su territorio, el problema es que ahora no es potestad exclusiva de las alcaldías. Reducir las relaciones de los Consejos Comunales a relaciones con los gobiernos locales, favorece su papel micro, sería circunscribirlos a vínculos con su entorno inmediato, sin posibilidades de ver el país; sería fortalecer la fragmentación del Estado y de la sociedad, tan necesaria al capitalismo; el mejor ejemplo ha sido la descentralización político-territorial impulsada en los años noventa.

En la práctica, la dependencia de las organizaciones sociales del aparato estatal requiere mucho más que registrarse, es necesario el adormecimiento de éstas respecto a sus derechos, carencia de instrumentos políticos para la defensa de los mismos, además de débil capacidad organizativa, de comunicación y de movilización; lejos está la relación de los Consejos Comunales con el Gobierno de crear tales condiciones; por el contrario, lo que ha estado produciéndose es justamente el fomento de condiciones para la autonomía, lo que explica, como ha referido Nelly Arenas, que en lo interno del propio chavismo exista la crítica a la gestión del Gobierno; basta consultar algunos medios alternativos, como Aporrea.org, para conocer el debate que se produce en las organizaciones sociales promovidas por el Gobierno. En otras palabras, se promueve la autonomía, no la relación de dependencia.

Arenas observa como problema potencial de los Consejos Comunales la variedad de funciones que tienen asignadas y que podrían afectar su desempeño, a la vez que esto implica realizar labores propias del Estado. Por una parte, el tema de la variedad es propio de gestión de comunidades en las cuales todas las dimensiones de la vida están presentes, no obstante, hay una división social del trabajo en lo interno de los Consejos Comunales expresada en la variedad de Comités de Trabajo, y si gran parte de la comunidad dedicara un pequeño tiempo al trabajo sociopolítico, seguramente disfrutaría la combinación de las responsabilidades personales con las sociales. Por otra, si el retiro del Estado a favor de los Consejos Comunales significa fortalecer a la sociedad en todos los planos: político, económico y social, como consideramos que está sucediendo a través de organizaciones centradas en el desarrollo social integral, entonces esta estrategia de participación viaja por buen camino hacia la construcción de una nueva sociedad y un nuevo Estado. Por último, en este tema es necesario poner de relieve una cuestión fundamental en la participación plural en los Consejos Comunales, que Arenas apenas menciona. La Asamblea de Ciudadanos es la instancia máxima de poder de los Consejos Comunales, en la cual participan todos los ciudadanos que conviven en el espacio que define el respectivo Consejo Comunal, sin distinción de pertenencia política e ideológica, lo cual no es sólo un mandato sino una práctica. Son decisiones vinculantes para el Estado, la sociedad y la economía, por supuesto, en el marco legal establecido. La Asamblea de Ciudadanos, fincada en la Constitución y mejor definida en la Ley de los Consejos Comunales, ha sido calificada por Pérez (2006) como "el mandato más trascendental y más revolucionario, por sus consecuencias tanto teóricas como prácticas"; es, desde nuestra perspectiva, uno de los mandatos constitucionales más importantes para la construcción del poder popular.

El tema de la participación, dice Nelly Arenas, no sólo se expresa en los Consejos Comunales, sino también en el terreno económico, a través de diversas formas asociativas "solidarias" (el entrecomillado es de Arenas). A la autora le preocupa que por medio de las cooperativas el Gobierno esté distribuyendo el ingreso petrolero y considera un agravante que los fondos recibidos por las cooperativas vayan a fondo perdido. Es realmente gratificante para quienes estamos comprometidos con la búsqueda de una economía alternativa ver que el Gobierno transfiere recursos a organizaciones de la economía social. La transmisión de los recursos petroleros a organizaciones de la economía no es nada nuevo, a lo largo de la democracia representativa los distintos gobiernos venezolanos transfirieron recursos a las empresas de la economía privada, en gran parte a fondo perdido; en este momento se introducen cuantiosos recursos a las cooperativas. No es cierto, de acuerdo con Emilio Chirinos, experto en cooperativas y estudioso tanto de las tradicionales como de las recientes, que la mayoría de los recursos entregados fueran a fondo perdido, sin negar que el fenómeno esté presente. Tampoco es cierto, como señalan, según Nelly Arenas, los cooperativistas tradicionales, que las viejas cooperativas se autofinanciaban; lo que sí está sucediendo, nos dice Emilio Chirinos, es que el aporte inicial que antes hacían los socios hoy también lo hace el Gobierno. Igualmente es un error considerar que los nuevos cooperativistas desconocen los valores y principios de este tipo de organización. Es requisito para recibir financiamiento del Gobierno realizar cursos de capacitación sobre cooperativas; antes la fuente de capacitación era fundamentalmente la Central Cooperativa Nacional de Venezuela (CECONAVE), mientras que desde que se promueven las cooperativas son numerosas las fuentes de capacitación, en su mayoría provenientes de diversas instancias del sector público nacionales y subnacionales. Asumir los valores cooperativistas no es tarea fácil, sobre todo después de una década de promoción de la competencia, en el marco del proyecto neoliberal.

Nuestra conclusión es que a través de los Consejos Comunales ha tenido un profundo impulso el poder de la sociedad organizada, en diversos planos: en el social, en el político y en el económico; por supuesto que es un proceso altamente complejo en la práctica; no se trata de un sistema de participación en el marco de una dictadura, sino en el ámbito de plenas libertades, hasta el punto de que los medios de comunicación se dan el lujo de insultar al Presidente de la República sin ninguna consecuencia que los afecte.

3. Otra conclusión del trabajo: Los Consejos Comunales no trascienden la participación en estrechos espacios territoriales

Según Nelly Arenas, la participación promovida por Chávez no trasciende el nivel local, es decir, su incidencia en las cuestiones políticas fundamentales es limitada, lo cual se expresa en la participación a través de los Consejos Comunales; ésta se reduce a participación social y no política. Al respecto es importante recordar a la autora lo que ella misma señala en su trabajo: que está previsto que los Consejos Comunales participen en una amplia gama de tareas; refiere, citando a Aponte, la defensa de la soberanía nacional, que es un ejemplo muy ilustrativo de lo que pueden hacer los Consejos Comunales a nivel nacional, lo cual sugiere que la ley establece como función de éstos la contraloría social. Esta última es un derecho que da la Constitución, y al ser impulsado desde la sociedad organizada potencia el seguimiento a la gestión pública en cualquier dimensión y nivel político-territorial.

La contraloría social es una estrategia de participación política que puede incidir en la formación de políticas públicas, desde la formación de la agenda hasta el seguimiento a proyectos aprobados; un recurso importante, necesario para su ejercicio, es la organización de los ciudadanos; de tal forma que los Consejos Comunales constituyen una plataforma política importante para avanzar en esta estrategia de participación. Sobran ejemplos para dar cuenta de cómo, desde organizaciones sociales con espacio territorial reducido, se ha incidido en la formación de grandes políticas públicas. No obstante, es necesario avanzar en otros requerimientos para el ejercicio de la contraloría social, que es una estrategia de control y participación, con un gran potencial para combatir la corrupción, para exigir el respeto a las reglas del juego establecidas y también para exigir nuevas reglas, en la ruta hacia un proyecto de igualdad y justicia social.

Además del derecho a ejercer contraloría social a la gestión pública, la aprobación de leyes y cualquier otro instrumento jurídico deben ser consultados con los ciudadanos, algo que se venía haciendo al utilizar los recursos de la informática. A raíz del retiro de la oposición del proceso electoral para elección de diputados a la Asamblea Nacional y el control de ésta por miembros de la alianza que apoya a Chávez, la Asamblea Nacional decide realizar la consulta, a través de reuniones públicas con las comunidades en Asamblea de Ciudadanos (lo que se ha llamado Parlamentarismo de Calle o parlamentarismo social), más claramente definida tras la aprobación de la Ley de los Consejos Comunales. Ésta es otra estrategia de participación directa en las grandes decisiones del país.

Otra estrategia que permite a los Consejos Comunales participar en decisiones que van más allá del espacio que los define, es la creación de mancomunidades. Dicha estrategia podría pasar por la combinación de la participación directa, con la representación en la conformación de las instancias de decisión, aunque apenas comienza a activarse.

Por último, está el referéndum que tiene rango constitucional y que ha sido activado para decidir la continuidad del mandato de Chávez, fenómeno inédito en América latina y quizás en el mundo.[56] Si bien es cierto que tal referéndum es una estrategia de participación directa en la cual el debate no se produce cara a cara, como en la Asamblea de Ciudadanos, sí tiene lugar en el contexto de los numerosos recursos de la democracia representativa, entre éstos el de la comunicación social, controlada en Venezuela por los medios privados opuestos al gobierno.

En definitiva, no es posible reunir a los 26 millones

---

[56]No podemos pasar por alto la alusión que hace Arenas, en un pie de página, sobre el uso de la lista de los firmantes solicitantes del referéndum, para objetarlos en diversas actividades del sector público, entre éstas la de optar a cargos como funcionarios. La lista, mejor conocida como de Tascón, por el apellido de quien la hizo visible, constituye sin lugar a dudas una perversidad que no sólo afectó, es lo que no dice la autora, a los aspirantes a funcionarios, sino también a grandes cantidades de obreros de la empresa privada y funcionarios de los gobiernos subnacionales, pues al no aparecer en la lista se les consideró chavistas y, por lo tanto, fueron despedidos de sus cargos.

de habitantes para que decidan cara a cara las grandes políticas del país, pero sí diseñar estrategias en las cuales se dé el encuentro con estos objetivos; los procesos de transformación pasan por activar la innovación, y en el campo de la participación directa, sin duda, Venezuela está innovando; se construye un proceso de participación directa que combina la representación, un sistema en el cual desde pequeños espacios territoriales se ve más allá: la parroquia, el municipio, el estado, el país y, por qué no, también la América que soñó Bolívar.

4. La gran conclusión: la democracia directa promueve el clientelismo, es necesario promover la democracia representativa

Según Arenas, la democracia directa es una demanda de la sociedad, pero también una necesidad de legitimación de los gobiernos. Si esto es así, cómo se explica que los gobiernos le tengan tanto miedo a la democracia participativa. La participación directa que debían promover los gobiernos subnacionales en los años noventa está ausente, esto ha sido evidente en la casi inexistencia de acciones por parte de éstos.

La propuesta de Arenas es, por salud, fortalecer las formas representativas y los niveles subnacionales de gobierno. La democracia participativa puede ser para la autora funcional a los populismos autoritarios, y Chávez es para ella un populista autoritario.

Nuestra tesis es que el actual presidente de Venezuela ha fortalecido la democracia representativa, además de promover la participativa; el uso de las formas de democracia representativa así lo demuestra. Por esto, y por el profundo respeto (con exceso) a las libertades establecidas en la Constitución, es un error considerar autoritario el gobierno de Chávez. Un rasgo fundamental del autoritarismo es la negación a la participación o la promoción de la participación cooptada por intereses ajenos a los de quienes participan.

Lo que sí es evidente es que el discurso de Chávez es de fuerte confrontación con quienes representan el proyecto opuesto, confrontación que siempre realiza con argumentos. Desde esta perspectiva es atrevido calificar al gobierno de Chávez de autoritario. Más autoritario es quien con voz de ave (algunos ejemplos de gobernantes de la democracia representativa tenemos) obstaculiza la participación y las libertades en todos los planos.

La democracia representativa sin participación directa crea condiciones para un liderazgo autoritario, negador de la libertad, que sólo puede ponerse en cuestión en los procesos electorales, después de concluido el gobierno, a menos que en el camino pueda someterse a procesos de participación directa como el referéndum.

Bibliografía

Lander, Edgardo (2004), "Venezuela: la búsqueda de un proyecto contra-hegemónico", Transnacional Institute. Disponible en: http://www.tni.org/detail_page.phtml?act_id=17437&username=guest@tni.org&password=9999&publish=Y Consulta realizada en enero de 2008.

Ochoa Henríquez, Haydée (2003), "La política social en el gobierno de Chávez: los obstáculos a una reforma para la profundización democrática", Trabajo presentado en el XI Congreso de la Federación Internacional de Estudios sobre América Latina y el Caribe (FIEALC). Osaka, Japón.

Pérez Martí, Felipe (2006), "Mis observaciones y propuestas", Disponible en www.conexionsocial.org.ve Consulta realizada en abril de 2006.

Vilas, Carlos M. (2003), "¿Populismos reciclados o neoliberalismo a secas? El mito del "Neopopulismo" Latinoamericano", *Revista Venezolana de Economía y Ciencias Sociales*. Vol. 9 N° 3, septiembre-diciembre. Facultad de Ciencias Económicas y Sociales. Universidad Central de Venezuela. Caracas.

Entrevistas

Entrevista a Emilio Chirinos. Investigador en organizaciones comunitarias y cooperativista. Centro de Estudios de la empresa de la Universidad del Zulia. Maracaibo. Venezuela. Entrevista realizada en enero de 2008.

Consejos Comunales: política del gobierno de Chávez para avanzar en la democracia participativa en Venezuela

Haydée Ochoa Henríquez*

1. Introducción

Desde 1999 asistimos en Venezuela, promovido por el gobierno de Chávez a partir su triunfo en 1998, a un proceso de transformación en todos los ámbitos, a través de una dinámica compleja con desigual desarrollo en éstos.

Como parte de este proceso se encuentra la construcción de una democracia participativa, para complementar la democracia representativa que existe en el país desde fines de los años cincuenta, la cual ha demostrado tener profundos límites para promover la satisfacción de las necesidades de las grandes mayoría sociales, a pesar de haber sido considerada en América latina como ejemplo de democracia a seguir por el resto de la región.

La democracia participativa es, en el proyecto de transformación del país, una estrategia para la construcción de un modelo de sociedad alternativo al conformado a lo largo de la democracia representativa y al de corte neoliberal introducido desde fines de los años 80. El gobierno aspira, al menos así está declarado en la nueva Constitución que promovió y en otros documentos oficiales, a conformar una sociedad con igualdad y justicia social.

El objeto del presente trabajo es explorar las polí-

---

*Investigadora de la Universidad del Zulia.

ticas de participación, promovidas por el gobierno de
Chávez para avanzar en la democracia participativa,
y detenernos en una de ellas: Los Consejos Comunales. Estamos en deuda con el estudio de los cambios
producidos en la democracia venezolana que impulsó
este gobierno, lo cual es una necesidad para la comprensión del carácter del Estado y para contribuir en
su propia transformación.

En general, el estudio de las estrategias utilizadas
por los gobiernos para lograr sus fines u objetivos, y
la democracia participativa es uno de éstos, constituye
una cuestión fundamental para explicar el carácter de
cualquier gobierno, sin embargo esto no basta, es necesario también conocer los fines perseguidos, es decir,
los objetivos a los cuales atienden las estrategias, de lo
contrario podríamos ocultar lo que está detrás de éstas, por eso no podemos estar de acuerdo ni con quienes definen a los gobiernos por su estilo, pues dejan
de lado los objetivos, ni con quienes consideran que
es sólo a partir del estudio de los fines u objetivos (declarados o reales) que éstos se pueden definir. En este
último sentido, para Vila (2003: 135) "la identidad de
un régimen político deriva en definitiva de los objetivos que se plantea y de los intereses en juego". Con
esto queremos significar que, desde nuestra perspectiva, los gobiernos se definen por sus objetivos y las estrategias o medios utilizados para lograrlos. Además,
cuando hablamos de objetivos y estrategias no basta
estudiar lo declarado o lo formalmente establecido,

sabemos que siempre hay distancia entre el deber ser programado y la realidad. Igualmente no basta identificar las desviaciones entre orientaciones y realidad, es necesario avanzar en las explicaciones, importantes tanto en el plano teórico como en la práctica; dejarlas de lado tiene impacto en el conocimiento y en la práctica, que requiere ser conocida para ser transformada.

La exploración hecha en este trabajo, a las estrategias de participación directa que dan contenido a la democracia participativa en Venezuela, la realizamos en esa óptica: de consideración de los objetivos declarados y de la práctica del gobierno. Manejamos la hipótesis que en materia de participación el gobierno ha ensayado diversas estrategias, siendo la última la de los Consejos Comunales, a través de la cual parece consolidarse un modelo dirigido, en medio de numerosos obstáculos, a promover integralmente la participación en la comunidad, en el aparato estatal y en la economía, lo que favorece el "empoderamiento" de los sectores marginados a lo largo de la democracia representativa.

En el plano empírico nos apoyamos en información documental oficial —fuentes secundarias, numerosas opiniones de ciudadanos involucrados de alguna manera en los Consejos Comunales— difundida a través de medios de comunicación alternativos y entrevistas semiestructuradas a actores con participación clave en la constitución y desarrollo de los Consejos Comunales. Estamos lejos de pagar la deuda con este trabajo; consideramos que es sólo un aporte a la discusión de un tema altamente polémico, sobre el que no existe consenso, ni siquiera en lo interno de las fuerzas que acompañan al gobierno en el proceso de transformación.

2. Sobre la participación directa

El tema de la democracia participativa es necesario verlo con mucho cuidado, por cuanto, como señala Sartori (2007: 150), es una noción borrosa. A partir de una discusión sobre la democracia directa, la democracia de referéndum, la democracia electoral y la democracia representativa, Sartori (2007: 153) llega a la conclusión de que la democracia participativa se define por la participación directa distinta a la promovida a través del referéndum, que consiste en "tomar parte en persona, y una parte autoactiva", es automovimiento, lo cual involucra un conjunto de virtudes, entre ellas el autodominio, la autorrealización y la autoeducación, es distinta al solo acto de votar; vista así, su "autenticidad y efectividad es inversamente proporcional al número de participantes". Además, es imposible dirigir un Estado a través de la participación directa, como dice Bobio (1996: 62): "Nadie puede imaginar un Estado que pueda ser gobernado mediante el llamado permanente al pueblo". Es decir, en términos generales la participación favorece el progreso del individuo y contribuye a su emancipación; así, se dificulta su desarrollo en grandes grupos.

Si la participación directa es tomar parte en persona, es necesario hacerse varias preguntas para avanzar en la comprensión del tema. La primera es ¿dónde participar de modo directo? Al menos tres ámbitos de la realidad están llamados a la reflexión: 1) participar en la sociedad, 2) participar en el aparato estatal y 3) participar en la economía.

La participación en la sociedad ha sido denominada por algunos autores "participación social" y/o "participación comunitaria"; significa tomar parte en persona en la comunidad, en decisiones y acciones que la afectan directamente. Es distinta de la participación en representación de la comunidad en esferas diferentes a ésta, por ejemplo, en las decisiones y acciones del aparato estatal, bajo su responsabilidad. En tal sentido señala Cunill (1991): la participación comunitaria no implica interactuar con el Estado.

Bronfman y Gleizer (1994: 3) identifican dos argumentos a favor de la participación comunitaria: uno privilegia "los aspectos políticos y sociales de la participación concibiéndola como una actividad necesaria por sus efectos democratizadores de la sociedad", de esta forma la participación comunitaria es considerada, según los autores, un fin en sí misma por su contribución al fortalecimiento de la sociedad civil; el otro argumento se refiere a los beneficios producidos con el funcionamiento de servicios sociales. Según los autores antes citados, el "argumento más utilizado señala que ante el fracaso de los programas diseñados e implementados sin tomar en cuenta a la comunidad, la

participación comunitaria es una opción que garantiza mayor efectividad ya que el éxito de los programas
depende de que la comunidad los sienta como algo
propio, responsabilizándose por el problema y partici-
pando en su solución", estaríamos así en presencia de
una defensa de la participación comunitaria con fines
pragmáticos, que oculta las consecuencias políticas,
económicas y sociales de la participación comunitaria.
Detrás de estos dos argumentos pueden existir mani-
pulaciones en favor de intereses ajenos a quienes están
tomando parte en decisiones y acciones en las comunidades. Como ha señalado Canto (2000: 232), la participación se introdujo con profundidad en América
latina desde los años ochenta, a la par de la economía
de mercado.

La democratización y la eficiencia fueron argumentos utilizados para promover la intervención de
las comunidades en la solución de sus problemas, en
el contexto del proyecto minimizador del aparato estatal. En uno y otro caso el discurso oculta justamente el
tipo de Estado, economía y sociedad al cual se subor-
dina, con sus características particulares, la participación comunitaria promovida. No se trata de cualquier
participación comunitaria, sino de la promotora de los
intereses neoliberales. En general, dicha participación
ocurrió, en este contexto, en la ejecución de actividades para la solución de los problemas sociales, con la
llamada autogestión, concepto que, de tener contenido
político, pasó a ser sinónimo de autofinanciamiento.

En este modelo los ciudadanos resuelven sus problemas sin financiamiento estatal, y buscan minimizar la intervención del Estado en la satisfacción de las necesidades colectivas.

Pero además de estos argumentos, la participación comunitaria es, a nuestro juicio, una condición necesaria para la intervención en el aparato estatal. No tomar parte de las decisiones y acciones en la comunidad favorece la participación ciudadana individualista, vacía de interés colectivo.

De este modo, la participación en el aparato estatal, con fines colectivos, es denominada por algunos autores "participación ciudadana" y significa tomar parte en persona en los procesos que afectan al aparato público, en palabras de Cunill (1991: 56-57) "la participación ciudadana se refiere a la intervención de los particulares en actividades públicas en tanto portadores de determinados intereses sociales". La participación ciudadana, así como la participación en la sociedad, es necesario ponerla en tensión, en relación con el tipo de sociedad promovida; de hecho ha sido impulsada en las últimas décadas, en el marco del proyecto neoliberal, como una manera de lograr cooperación de los ciudadanos.

Según Cunill (1991), la participación ciudadana varía substancialmente de acuerdo con el nivel del aparato estatal en el cual recae; para ello identifica al menos tres modalidades: a) la macroparticipación, que invoca valores de dimensión nacional, b) la participación de nivel intermedio, que se refiere a la intervención en políticas públicas de alcance sectorial o regional, y c) la participación de base o microparticipación, la cual alude a materias de la vida cotidiana de grupos pequeños, es decir, tiene condiciones para la participación directa.

Se trata de formas de participación vinculadas a la trascendencia de las decisiones en las cuales se participa. En la primera el ciudadano se involucra en decisiones que afectan a todos; en la segunda lo hace con menor trascendencia, pero va más allá de la participación en una comunidad. En estos dos casos la participación directa, como hemos dicho, se ve limitada. La estrategia más común es el referéndum y, en los últimos tiempos, la consulta a través del uso de recursos electrónicos, pero en uno y otro caso se debilitan los beneficios del encuentro, producto de la participación directa. La intervención en espacios pequeños, sin formar parte de un sistema garantizador de la participación en los otros dos niveles, corre el riesgo de convertirse en una estrategia para obtener colaboración de la sociedad en la solución de los problemas de la vida cotidiana, lo que no permite incidir globalmente en aquélla.

Por último, está la participación en la economía, que tiene dos interpretaciones fundamentales: la promoción de la participación privada para reducir el tamaño del Estado —tema de importancia significativa en los últimos años— y la promoción de la participación ciudadana en las organizaciones de la economía social, que apunta a promover la democracia económica, la cual también ha tenido importancia en tiempos actuales como forma de atacar la marginalidad y, en general, los efectos neoliberales, en cuyo contexto se promueven las microempresas o la llamada economía informal, consideradas parte de la economía social, pero que en definitiva no democratizan la propiedad de los medios de producción, pues son estrategias que no permiten superar los niveles de subsistencia. Según Martín (s/f) "cualquier análisis de la participación tiene que realizarse en términos concretos, así si hablamos de participación en la economía, tenemos que precisar qué economía, en qué momento de desarrollo, con qué fuerzas sociales pugnando a su interior, con qué procesos corriendo en su decurso".

La otra pregunta, necesaria en cuanto a la participación, es ¿cómo intervienen los ciudadanos?; esto nos remite a la fase del proceso administrativo, en el que se participa: ¿en las decisiones?, ¿en la ejecución?, ¿en el control?

Tomar parte en las decisiones es intervenir en la definición de las orientaciones formalmente delimitadas en las organizaciones; esto puede ocurrir al menos de dos formas: 1) a través de la opinión no vinculante, denominada por Cunill (1991) "participación consultiva", y 2) a través de la opinión vinculante, llamada por esta autora "participación resolutiva".

La "participación consultiva" "se expresa como opinión o manifestación de conocimiento que en tanto tales no obligan al sujeto que adopta la decisión" (Cunill, 1991: 58). Puede ser activada como estrategia, por una parte para lograr colaboración e incrementar la eficiencia, muy usada en el marco de las políticas neoliberales, y por otra para incrementar la legitimación en las decisiones de quienes están consultando, al poder exhibirse la intervención colectiva de modo directo, sin que exista capacidad de decisión.

En defensa de la participación consultiva, Sánchez (citado por Cunill, 1991: 176) "sostiene que es lógico no conceder el derecho a decidir por cuanto no sólo deben tenerse en cuenta los intereses de los directamente afectados, sino una pluralidad de intereses que sólo puede hacerla quien tiene la visión global de los problemas". Para Cunill (1991: 175) hasta la participación resolutiva puede cumplir las funciones de eficiencia y legitimidad. A nuestro juicio, el control de quienes buscan estos criterios se debilita profundamente cuando la participación resolutiva da poder de decisión; en todo caso, cuando se tiene este derecho los funcionarios se resisten a contribuir a la activación de la participación. La importancia de la participación consultiva radica en la posibilidad de incidir en las decisiones, es decir, en la capacidad de influencia, lo que depende de un conjunto de condiciones en las cuales se produce la consulta, tales como la disponibilidad de medios de comunicación para hacer pública la opinión, la formación política, la capacidad organizativa y de movilización, las relaciones políticas, el grado de institucionalización de la participación y, entre otras condiciones, las posibilidad de ejercer estrategias de presión.

El derecho a opinar, además de brindar la posibilidad de ejercer influencia cuando se dan las condiciones, exige conocimiento del tema sobre el cual se decide, lo que constituye una vía para la formación política, especialmente cuando se está en presencia de procesos de politización en torno a la defensa de intereses colectivos; esto, además, favorece la creación de otras circunstancias, necesarias para incidir en las decisiones.

Con la participación vinculante los ciudadanos deciden, pero el poder puede ser aparente; si no existe formación política se presenta el riesgo de control por quienes promueven decisiones ajenas a los intereses de los decisores. A pesar de las posibilidades de manipulación por parte de los gobiernos en el ejercicio de la participación directa con capacidad de decisión, ésta encuentra profunda resistencia de los funcionarios.

Participar en la ejecución significa intervenir realizando actividades, generalmente para solucionar problemas en cuyas decisiones puede o no haberse participado. Es un tipo de participación muy promovida en la búsqueda de reducción del papel del Estado en la solución de los problemas sociales, que utiliza el discurso crítico del Estado paternalista y hasta la necesidad de fortalecimiento de éste. Detrás de este tipo de participación generalmente se encuentra la llamada autogestión, es decir, el financiamiento de los servicios por los ciudadanos.

La participación de los ciudadanos en el control ha sido denominada "contraloría social", y puede ser ejercida sobre organizaciones de la sociedad, organizaciones privadas u organizaciones del Estado. El control social en la gestión pública "constituye una alternativa a los clásicos y diversos controles realizados por el propio aparato estatal a través de la representación, los cuales al no funcionar, como frecuentemente sucede en las democracias representativas, imponen al ciudadano la espera de próximas elecciones para, como dice Cunill (2000: 272), 'castigar mediante la no reelección a los gobernantes'. El control social es un proceso que apunta a viabilizar el ejercicio de la necesaria democracia directa, teniendo en consideración los límites de la democracia representativa y los límites de la democracia directa a través de la participación de todos los ciudadanos en todas las decisiones" (Ochoa *et al*, 2006: 148).

Por medio de la contraloría social, los ciudadanos, individualmente u organizados, dan seguimiento a las organizaciones de todo tipo en defensa de sus intereses colectivos, para exigir, a través de diversos mecanismos, ajustes a desviaciones que lesionen derechos y satisfacción de necesidades. Los mecanismos de contraloría social van desde la exigencia cordial del cumplimiento de los derechos hasta la movilización popular; por tal razón tiene potencial para ejercer influencia, a pesar de ser un recurso de participación no vinculante que en muchos países puede ser usado por todo ciudadano, siempre y cuando defienda el interés colectivo; es posible ejercerlo sobre cualquier fase del proceso administrativo, es decir, sobre las decisiones, la ejecución y el sistema de control.

La contraloría social ha sido promovida en el discurso de los últimos años; forma parte de las propuestas de la Nueva Gestión Pública, modelo administrativo sugerido para el Estado, en el contexto neoliberal; no obstante, raramente se pone en práctica, porque requiere para su activación de condiciones en las organizaciones y en la sociedad escasamente creadas, lo obstaculiza su viabilidad, explicable por su potencial para que los ciudadanos puedan exigir una gestión de cara a las necesidades de la sociedad.

La participación directa en el proceso administrativo se cruza con la participación directa en los ámbitos que hemos identificado; es defendida desde perspectivas conservadoras y revolucionarias, en general sin una precisión sobre sus características y sin una contextualización para profundizar las diferencias entre una y otra perspectiva, cuestión que no debemos perder de vista.

3. Contexto en el cual surge el gobierno de Chávez

Venezuela transitó por una democracia representativa desde 1958 hasta 1998, es decir, cuarenta años en los cuales además hubo diversas experiencias de organización social para la participación directa, algunas promovidas por el Estado, pero con escaso impacto para decir que se estuvo en el camino hacia una democracia participativa. Estos esfuerzos pasaron por la promoción de las Juntas Promejoras de los barrios, posteriormente por las Juntas Comunales y las Asociaciones de Vecinos, siendo éstas las de mayor visibilidad, pero que no pueden ser consideradas importantes para identificar rasgos de una democracia participativa.

Por el contrario, desde 1999, con el triunfo de Hugo Chávez, asistimos a la búsqueda de una democracia directa, además de ampliarse y mejorarse los mecanismos de la democracia representativa.

La democracia representativa conformada en Venezuela estuvo marcada por: a) el Pacto de Punto Fijo, excluyente de algunos sectores políticos y cuyos acuerdos, para impulsar la democracia representativa, pasaron en la práctica por el debilitamiento de la democracia en favor de los partidos políticos que participaron en él, y b) por el tipo de economía promovida por el Estado. En una primera etapa, desde comienzos de los años sesenta hasta 1989, el Estado promovió la economía para sustitución de importaciones, y en una segunda etapa, que se inicia en este último año y se extiende hasta fines de los noventa, la economía de mercado bajo principios neoliberales.

La sustitución de importaciones requirió del incremento del gasto público y de inversiones del Estado en la economía, lo que permitió acrecentar la demanda interna, favoreciendo así la satisfacción de las demandas sociales a través de políticas universalistas que lograron mejorar la distribución del ingreso. En palabras de Vilas (2003), al referirse a América latina: "La redistribución obedeció tanto a las demandas sociales [...] como a las necesidades de acumulación del capitalismo local".

La economía para la sustitución de importaciones mostró tempranamente su agotamiento para dar respuesta a las necesidades de acumulación; por ello, sectores de la burguesía demandaban la apertura de un espacio para la economía de mercado con base en las empresas del Estado. Las críticas a la democracia también se hicieron presentes y se resaltó su incapacidad para resolver los problemas básicos de las grandes mayorías sociales; existía un descontento popular derivado del desempleo, alto costo de la vida, desabastecimiento, inseguridad y pobreza (Ochoa, 1995: 104).

El boom petrolero a mediados de los años setenta favoreció la renovación de la esperanza en la democracia y en el modelo económico. Los grandes recursos permitieron atender las demandas de quienes reclamaban una economía para la exportación y de quienes exigían apoyo a la economía para el consumo interno, a la vez que favorecieron las posibilidades de atender demandas sociales. El Estado abrió un espacio a la economía internacional con base en las empresas públicas, lo cual intensificó su participación en la economía; además dedicó cuantiosos recursos a esta última por sustitución de importaciones y al gasto social, se trató de un momento estelar para la amortiguación de conflictos en el país.

La bonanza duró poco tiempo; desde fines de los años setenta comenzó a ser evidente una crisis que se extendió a lo largo de siguiente década, producto, según el gobierno, de "expansión exagerada del gasto público, deuda externa sin precedentes, regulaciones estatales que entraban en la competencia, corrupción administrativa desenfrenada e hipertrofia de las empresas públicas" (Silva Michelena, citado por Ochoa, 1995: 164). Se trató de un discurso que en el contexto de vientos neoliberales señala al Estado como causa de la crisis.

En este contexto, comienza en 1989 un proceso de reorientación de la economía hacía la producción para el mercado internacional con principios neoliberales, bajo las recomendaciones del Fondo Monetario Internacional (FMI). La economía de mercado con orientación neoliberal requirió de un Estado diferente, reducido a su mínima expresión en cuanto al gasto social y su retiro de la producción directa de bienes y servicios, es decir, un claro liderazgo de la empresa privada en la economía. Como consecuencia de esta nueva orientación, el Estado venezolano emprende, por una parte, un proceso de privatización a través de diversas estrategias, algunas muy claras, tal es el caso de la venta de empresas o acciones del Estado, entre ellas la empresa de telefonía y la de transporte aéreo; otras solapadas a través del traspaso de la administración de la producción de servicios al sector privado y a organizaciones no gubernamentales. Por otra parte, reorienta la política social universalista hacia programas focalizados compensatorios de los efectos negativos del programa neoliberal en los sectores más afectados.

Las medidas neoliberales y particularmente el nuevo modelo económico, señala Roberts (2003: 85), acentuaron las diferencias políticas entre los estratos sociales, con consecuencias inmediatas que hicieron historia. Al inicio del gobierno de Carlos Andrés Pérez en 1989 se produjo un levantamiento de la población conocido como el Caracazo, cuyo motivo fue el rechazo de la población al aumento de las tarifas de transporte, producto del incremento del precio de la gasolina, política que formaba parte de las recomendaciones del FMI. El incremento del precio de este producto siempre ha sido un tema muy sensible en Venezuela por su condición de país petrolero, donde históricamente se mantienen los precios de la gasolina muy por debajo de los internacionales. El Caracazo fue un evento que "sacó a los militares por primera vez en mucho tiempo" (Norden, 2003: 125) y tuvo como consecuencia cientos de muertos, registrados en la democracia representativa.

Este último acontecimiento, coincidimos con López (2003: 102), se convirtió en un punto de ruptura del proceso sociopolítico venezolano, que evidenció la necesidad de reformas urgentes. Los líderes estaban, a juicio de la autora mencionada, en la descentralización y en las Fuerzas Armadas.

Compartimos las tesis de Carlos de Matos (1990), para quien la descentralización político-territorial (DPT) emprendida en América Latina estuvo asociada a la necesidad del proceso de acumulación. No es casual que paralelo a la reorientación hacia el neoliberalismo se haya promovido la descentralización político-territorial. Desde mediados de los años ochenta la Comisión para la Reforma del Estado (COPRE) venía trabajando en el proyecto de descentralización.

En el marco del Caracazo, se aceleró en 1989 la DPT, la cual fue promovida, en el discurso, como una estrategia para la profundización democrática y la eficiencia. La elección de los gobernantes subnacionales (gobernadores de los estados y alcaldes de municipios) permitiría ampliar la democracia representativa, aunque conservó los problemas de falta de transparencia que caracterizaron las elecciones a lo largo del periodo de democracia representativa.

La democracia participativa se incorporó en la ley como un saludo a la bandera, al dejar a discreción de los gobernantes, ahora electos por votación popular, el impulso de estrategias de participación de los ciudadanos en la gestión pública, lo que en la práctica se ha caracterizado por la incorporación de algunos ensayos de participación consultiva a nivel micro, con poca continuidad y escaso potencial para la construcción de una democracia participativa. Más allá de estos ensayos existen algunas experiencias puntuales a nivel municipal, un caso paradigmático ha sido el del municipio

Alma Caroní, bajo la conducción de un gobierno de izquierda. La escasa participación directa producto de la descentralización nos ha llevado a considerar que se trata de una descentralización territorial del poder, sin una distribución social de éste (Ochoa *et al*, 2007: 97-98). El traspaso de numerosas competencias a las gobernaciones de los estados, nivel intermedio entre el nacional y el local, permitiría mejorar la prestación de los servicios y a su vez incrementar la eficiencia. Se argumentó, en favor de la eficiencia, el compromiso asumido por los gobernantes electos con la población, además de su cercanía a ésta. En la práctica la descentralización ha contribuido a mejorar algunos servicios, pero con tendencia hacia la privatización; esto ha traído como consecuencia la exclusión de quienes no están en condiciones de pagar. Este rasgo de la descentralización da la razón a de Matos (1990), en cuanto al papel de la descentralización en el proceso de acumulación.

El proyecto neoliberal trajo además la promoción de Organizaciones no Gubernamentales (ONGs) como estrategia para impulsar el traslado de funciones que antes realizaba el Estado directamente, lo cual debilitó iniciativas de organización social favorecedoras de la democracia directa. Las ONGs fueron promovidas en el discurso como estrategia de fortalecimiento de la sociedad, cuando realmente se trató de formas de contribuir a la reducción del aparato estatal en el cumplimiento de sus funciones. La descentralización político-territorial fue propicia para que dichas organizaciones asumieran parte de las competencias trasladadas. Esto ha sido evidente en materia de salud; a través de tal vía algunas gobernaciones se desprendieron de parte de sus responsabilidades en esta materia y contribuyeron así, por una lado a la prestación de un mejor servicio a los sectores con recursos para el acceso a éste, y por otro a la exclusión de aquéllos sin recursos para recibirlo.

Con el advenimiento neoliberal la participación ha venido siendo promovida por el Estado de modo significativo, con un discurso que le atribuye a éste objetivos de democratización, pero que en esencia ha sido una salida para descargar en la sociedad responsabilidades de bienestar propias del Estado. En consecuencia, se produjo una redefinición de los propósitos de muchas organizaciones sociales defensoras de intereses colectivos, las cuales pasaron a producir bienes y servicios y a asumir formas jurídicas que les permitieran realizar dichas actividades; al mismo tiempo se incrementó la creación de las ONGs, constituidas por ciudadanos para participar en servicios de tipo social. Se trata de incorporar a la sociedad en la colaboración, a fin de reducir la acción gubernamental como lo prevé la orientación neoliberal.

La esperanza de obtener respuesta a las demandas democráticas y al mejoramiento de la prestación de los servicios no se resolvió con el proyecto descentralizador en curso; los efectos del paquete intensificaron el descontento y comenzó a producirse ruido sobre un posible golpe de Estado. Al inicio de los años noventa, en 1992, después de tres largas décadas de democracia representativa, ejemplo en América latina, y de una alianza, casi de subordinación, de las Fuerzas Armadas con la institucionalidad democrática (Norden, 2003: 124-125) y tres años después del Caracazo, se producen dos intentos de golpe de Estado: uno a comienzos de año, liderado por Hugo Chávez, actual Presidente de la República, que se originó con un discurso contra la corrupción, las condiciones de vida de la población y el deterioro de los partidos políticos. El otro ocurrió a fines de año, cuando Hugo Chávez se encontraba en la cárcel.

Al término de la década de 1990 el precio del petróleo había caído casi en un 60 por ciento (Lander, 2006: 131). Según COORDIPLAN, la situación social (1999) a fines de 1998 era la siguiente: 80 por ciento de pobreza, 39 por ciento de pobreza extrema, 14 por ciento de indigentes, 15 por ciento de desempleo, 50 por ciento de empleo informal, 37 por ciento de desnutrición infantil y 30 por ciento de deserción escolar.

Hacia el final de la década de 1990 presenciamos una economía por sustitución de importaciones deteriorada, promovida por un Estado populista que tenía soporte en el Pacto de Punto Fijo, y también observamos a un Estado promotor de la economía de mercado, con espacios del aparato público claramente tecnocráticos, muy diferentes a las organizaciones populistas; en otras palabras, conviven dos modelos económicos y dos estilos de hacer política, con tendencia al desplazamiento del estilo populista, promotor de la economía por sustitución de importaciones, por un estilo tecnocrático, promotor de la economía de mercado.

En este contexto, tiene lugar un proceso electoral en 1998, en el cual Chávez se presenta con el respaldo de sectores de izquierda, con un proyecto alternativo desde el punto de vista político y social, menos claro en lo económico, con el que obtiene el triunfo; ocurre así el inicio de un proceso de transformación, en el cual el tema de la construcción de la democracia participativa ocupa un lugar relevante como estrategia para la construcción de una sociedad con equidad y justicia social.

4. El proyecto de transformación y la democracia participativa en el nuevo marco constitucional

Diez años después de un claro avance de políticas neoliberales impulsadas por el Estado venezolano, se da inicio a un proceso de transformación del país, sobre la base de las propuestas de Chávez en su oferta electoral de 1998. En ésta el candidato insiste en "lo popular, lo nacional, la soberanía, la equidad, la democracia participativa, la crítica al 'capitalismo salvaje' y al neoliberalismo, así como al rechazo al mundo unipolar y la prioridad de las relaciones con los países del sur, en particular los de América Latina" (Lander, 2004: 1).

Son propuestas que marcan el rumbo de la conducción del país desde el inicio del gobierno de Chávez, por supuesto, con los obstáculos propios de lo que significa un proyecto contra-hegemónico.

En el proceso electoral Chávez obtiene el 62,46 por ciento de los votos, contra el 31,48 obtenido por su contendiente más cercano (CNE, 2008), el ex gobernador Enrique Salas Romer, lo cual revela un apoyo mayoritario, que le ha de permitir avanzar en su propuesta de transformación

El punto de partida para materializar el proyecto de transformación, y como parte de éste la democracia participativa, lo constituye la aprobación de una nueva Constitución, en la cual quedan plasmados principios y orientaciones de claro distanciamiento con las prácticas neoliberales de los últimos años. Conocer los principales rasgos de la nueva Constitución es fundamental para entender los cambios adelantados, pero el proceso de elaboración de ésta exhibe coherencia entre el discurso sobre la participación y la práctica política, por ello es importante conocer tal proceso, a fin de comprender sus resultados: la Constitución de la República Bolivariana de Venezuela (CRBV).

4.1. La participación en el proceso de formulación de la CRBV

El proceso a través del cual se formuló la CRBV es un tema interesante para ser estudiado desde el punto de vista de la política pública; nos interesa en este momento resaltar sólo las evidencias de un proceso participativo en el cual la oposición siempre tuvo presencia.

El debate inicial, antes de la toma de posesión de Chávez, fue sobre la pertinencia legal de convocatoria a una Asamblea Nacional Constituyente (ANC), por cuanto no estaba prevista en la Constitución. Las presiones provenían de los sectores desplazados del poder con el triunfo de Chávez, inclinados por una reforma de la vieja Constitución. La confrontación fue resuelta por la Corte Suprema de Justicia a favor de Chávez.

En la toma de posesión, el Presidente decreta la convocatoria de un referéndum para conformar una Asamblea Nacional Constituyente (ANC), donde queda plasmada, como propósito de ésta, la transformación del Estado y la creación de "un nuevo ordenamiento jurídico que permita el funcionamiento efectivo de una Democracia Social y Participativa" (Chávez, 1999), de modo que el tema de la democracia participativa es el centro del proceso de transformación propuesto por el nuevo gobierno y la convocatoria a dicho proceso dejó claro los mencionados propósitos.

El proceso se inicia entonces con una convocatoria a referéndum para decidir si se conforma o no una ANC para elaborar el nuevo texto constitucional. Previo a la consulta hubo oposición centrada en la redacción de una de las preguntas, en la cual el Presidente intentaba tener poderes para definir el sistema de elección; esto condujo a la modificación por parte de Chávez y posteriormente por el Consejo Nacional Electoral (CNE). Algunos sectores se opusieron desde el momento en que Chávez decreta el referendo, y solicitaron numerosas declaraciones de nulidad del decreto, por inconstitucional, todas declaradas inadmisibles.

La oposición continuó durante el proceso del referendo, resaltando el estilo utilizado por el Presidente de la República, el cual fue considerado autoritario, y las bondades de la vieja Constitución, cuyo problema estaría en no haberse aplicado. Los resultados del referendo realizado el 25 de abril de 1999 son favorables a la convocatoria de Chávez; aproximadamente el 90 por ciento de los votantes dijeron sí a la ANC, aun cuando existió un nivel de abstención de 62,16 por ciento (CNE, 2008). Asistimos así a un proceso participativo desde sus inicios, a partir de la elaboración de un nuevo texto constitucional, en el marco de fuertes críticas de quienes eran desplazados del poder.

En este contexto, tiene lugar la escogencia de los miembros de la ANC, donde logró mayoría el Polo Patriótico que respaldó a Chávez. La ANC tuvo la responsabilidad de redactar una nueva Constitución a través de un proceso que, según Lander (2004: 2), "arranca con algunas notorias debilidades [...] No estuvo claro en el debate político previo a la convocatoria a una Asamblea Constituyente, cuáles eran los principales problemas del país que tenían su origen en la Constitución de 1961, o que requerían una nueva constitución para ser resueltos". Sin embargo, desde comienzos de la década de 1990, a raíz del intento de golpe de Estado en 1992 liderado por Chávez, se presenta como salida la reforma de la Constitución de 1961. De acuerdo con Brewer-Carías (2007: 12), la convocatoria a una Asamblea Nacional Constituyente "se había comenzado a formular antes, a partir del afloramiento de la crisis política del sistema democrático en 1989, y luego, particularmente como consecuencia de los dos intentos de golpes de Estado militares de 1992 que habían sido motorizados entre otros, por el entonces teniente coronel Hugo Chávez Frías, actual Presidente de la República. El tema, en efecto, se discutió públicamente a partir de ese año 1992, pero los líderes de los partidos políticos dominantes no entendieron la magnitud de la crisis política, y lejos de reformar las instituciones para abrir la democracia, procuraron mantener la situación existente". De modo que sí hubo un debate sobre los límites de la Constitución de 1961, en el cual ocupó importancia el tema de la democracia representativa. Otros problemas del país también formaron parte del debate, entre éstos el de la corrupción.

El proceso de discusión durante la elaboración de la nueva constitución fue, para algunos, limitado. En tal sentido, señala Lander (2004: 2): "Los altísimos niveles de popularidad de Chávez y el apoyo generalizado a la convocatoria a una Asamblea Constituyente, ofrecían una extraordinaria oportunidad para convertir la constituyente en un proceso participativo de reflexión y aprendizaje colectivo sobre el país, el poder, la propiedad, el mercado, el Estado, la igualdad, la justicia y la democracia. Esta posibilidad se limita al establecerse un breve periodo de seis meses (posteriormente reducido a tres por expresa exigencia del Presidente) para la discusión y elaboración del nuevo texto constitucional". En contraste con esta opinión, para García (2003: 240) fue un proceso de intensa participación. Las organizaciones sociales, según la autora citada, "participaron activamente en la ANC a través de seminarios, talleres, mesas, comisiones y declaraciones en los medios de comunicación social entre otros". García hace referencia a la participación de diversas organizaciones en las mesas de diálogo, así como una gran heterogeneidad en las propuestas, que identificaron su afinidad ideológica por medio de la conformación de redes; de este modo, se incorporaron en el texto constitucional numerosas propuestas realizadas.

En definitiva, a pesar de haberse reducido el tiempo, fue un proceso en el cual los ciudadanos, organizados o individualmente, tuvieron la oportunidad de participar y aportar al diseño de una nueva carta magna. La esperanza frente a la posibilidad de construir un proyecto alternativo movilizó a la sociedad, que hasta entonces estaba prácticamente pasiva.

Pero además del diseño de una Constitución con base en la consulta, la decisión tuvo lugar a través de un referéndum aprobatorio, en el cual el 71,21 por ciento de los electores votaron a favor del nuevo texto constitucional (CNE, 2008), denominado Constitución de la República Bolivariana de Venezuela (CRBV). La decisión, a pesar de la efervescencia política que propició, se produjo en el panorama de un 54,06 por ciento de abstención. En todo caso, el inicio del gobierno de Chávez marca el comienzo de la conformación de una democracia participativa que ha de complementar y transformar el modelo de democracia representativa en crisis. Para Brewer-Carías (2007: 15) fue un proceso realizado "en medio del más terrible deterioro de los partidos políticos tradicionales, que materialmente desaparecieron de la escena política durante el proceso constituyente."

4.2. El nuevo texto constitucional

El texto constitucional aprobado en 1999 es el gran marco institucional del nuevo proyecto social, entenderlo es importante para conocer qué tipo de sociedad promueve la participación impulsada por el gobierno de Chávez y cuál fue el resultado del proceso constituyente.

Si bien las transformaciones constitucionales pusieron énfasis en lo político, la nueva carta magna señala distanciamiento de los vientos neoliberales en materia económica. En primer lugar, se otorga un papel relevante al Estado en materia petrolera y en actividades de carácter estratégico al asignarse estas actividades; se precisa que se reserva, por razones de soberanía nacional, política y estratégica, la totalidad de las acciones de Petróleos de Venezuela S. A., el *holding* estatal petrolero, con excepción de las filiales. Los artículos 302 y 303 fueron polémicos por una parte, debido a las presiones privatizadoras de la industria petrolera, y por otra, en razón de haberse dejado las puertas abiertas a la privatización de las filiales. Sobre esto último ha dicho Luis Brito García (Citado por Núñez, 2008): "Esta excepción mata la regla. Si se permite que las filiales, asociaciones estratégicas, empresas y cualquier otro ente que cree PDVSA no estén sujetas a su control accionario, ésta podría desintegrarse en multitud de filiales dominadas por intereses distintos de los de la República. Se la privatizaría mediante la participación de capitales privados en dichas filiales y asociaciones". El avance del proceso de transformación puso más adelante (2007) sobre el tapete la reforma de este artículo, acompañada de una práctica de creación de empresas mixtas con capital mayoritario del Estado en las empresas petroleras. Teniendo en consideración las presiones neoliberales en cuanto a la privatización de la industria petrolera en cualquier parte del mundo, como de hecho venía sucediendo veladamente en Venezuela, los artículos mencionados marcan profunda diferencia con tales presiones.

Por otro lado, en materia económica, en los artículos 303 y 305 a 307, el Estado se reserva el uso de la política comercial para defensa de las actividades de las empresas nacionales públicas y privadas. Se puntualiza así un rol clave de éste en materia de desarrollo agropecuario, para lo que dictaría las medidas necesarias a fin de establecer el autoabastecimiento; se define el régimen latifundista contrario al interés social. En fin, quedan establecidas políticas para preservar el interés nacional por encima de los criterios de la economía de mercado.

En materia social, se destacan los temas de salud, educación y seguridad social; al respecto, Buxton (2003: 163) señala la correspondencia de las medidas con "la visión popular según la cual los venezolanos debían disfrutar por igual los beneficios provenientes de la industria petrolera nacional". En materia de salud, en los artículos 83, 84 y 85 se define como un derecho social que debe ser garantizado por el Estado, regido por principios de "gratuidad, universalidad, integralidad, equidad, integración social y solidaridad"; queda contemplado, además, que "los bienes y servicios públicos de salud son propiedad del Estado y no podrán ser privatizados", así como el derecho de las comunidades organizadas a "participar en la toma de decisiones sobre la planificación, ejecución y control de la política específica en las instituciones públicas de salud". Es un derecho amenazado en los años noventa, en el contexto de las políticas neoliberales.

Respecto al servicio de educación, la CRBV lo define en sus artículos 102 y 103 como "un derecho humano y un deber social fundamental, es democrática, gratuita y obligatoria". Desde el nivel maternal hasta el medio diversificado la educación es obligatoria, y gratuita hasta el pregrado universitario, en tiempos en los cuales la tendencia en América Latina es hacia la privatización de la educación superior.

El derecho a la seguridad social queda establecido en los artículos 86, 87 y 88; en ellos se garantiza la salud, protección en contingencias de enfermedad, invalidez, catástrofes, discapacidad, enfermedades laborales, desempleo y vejez, entre otras; se obliga al Estado a asegurar la efectividad de este derecho sin exclusión y definiendo la seguridad social como un servicio público de carácter no lucrativo. El anterior fue un tema de gran debate en la década de 1990, debido a los proyectos privatizadores adelantados bajo la orientación de los organismos multilaterales.

Lo que queremos decir con este esbozo sobre preceptos constitucionales, de tipo económico y social, es que constituyen parte del marco promotor de la participación, es decir, se trata de una participación para construir una sociedad de justicia social cuyo avance en la práctica sólo podrá ser garantizado con la participación directa de la sociedad organizada.

Varios autores coinciden en identificar la participación como un mandato trascendental en la CRBV. Para Pérez (2006) "lo que distingue con más precisión a la Constitución Bolivariana es el concepto de Democracia Participativa, cuyo ejercicio es el único que puede realmente garantizar todos los derechos humanos planteados en el resto de la Carta Magna, entre ellos la justicia distributiva, la corresponsabilidad, la generación de la nueva cultura y valores que se derivan de la solidaridad y el control social". En esta línea, según Lander (2004: 2), quizá "el cambio más significativo de la constitución de 1999 respecto al texto anterior (1961) se da en la amplia gama de nuevas formas de participación que definen un régimen político que combina las formas tradicionales de la democracia representativa liberal (separación de poderes, y la elección de autoridades ejecutivas y legislativas en los niveles municipales, estadales y nacionales), con formas de democracia directa, 'participativa y protagónica'".

Más de 25 artículos de la CRBV tratan el tema de la participación; algunos merecen especial atención. En el artículo 6 de la Constitución se establece como principio fundamental que el gobierno y sus entidades políticas son y serán siempre democráticos y participativos. En el artículo 62 se define, además, la participación directa o por intermedio de representantes como un derecho y un deber. Quedan plasmados en el artículo 70, como medios de participación del pueblo con trascendencia en todos los ámbitos incluyendo el nacional, la elección de cargos públicos, el referendo, la consulta popular, la revocatoria del mandato, la iniciativa legislativa, constitucional y constituyente. En su mayoría son nuevas formas de participación para la sociedad venezolana.

En lo social y económico se identifican como medios: "Las instancias de atención ciudadana, la autogestión, la cogestión, las cooperativas en todas sus formas incluyendo las de carácter financiero, las cajas de ahorro, la empresa comunitaria y demás formas asociativas guiadas por los valores de la mutua cooperación y la solidaridad".

Por otra parte, en materias específicas se incorpora la participación: es el caso de salud, para el cual queda establecido en el artículo 86 que el sistema debe ser participativo. La educación se define como un servicio público que debe propender al desarrollo creativo basado en la participación.

Según el artículo 141, la administración pública se fundamenta, entre otros, en el principio de participación. En ámbitos específicos del aparato público se prevé la participación de las comunidades, así como de los trabajadores en la gestión de empresas públicas mediante mecanismos autogestionarios y cogestionarios. Asimismo, de acuerdo con el artículo 168, "las actuaciones del Municipio en el ámbito de sus competencias se cumplirán incorporando la participación ciudadana al proceso de definición y ejecución de la gestión pública y en el control y evaluación de sus resultados, en forma efectiva, suficiente y oportuna, conforme a la ley".

Lo anterior da cuenta de una Constitución opuesta a las tendencias neoliberales en el plano económico y social. Como ha dicho Lander (2004), se trata de un proyecto contrahegemónico. En la nueva carta magna se perfila un giro hacia una democracia participativa, por esto no podemos estar de acuerdo con autores como Arenas y Gómez (2006: 71), quienes consideran que en el nuevo texto constitucional, si bien se avanza en el reconocimiento de derechos cívicos y sociales, se muestran claras tendencias a la concentración de poder. Estamos así en presencia de grandes políticas para la participación en la sociedad, en la economía y en el aparato estatal; se han creado condiciones formales para la construcción de una democracia participativa, cuyo contexto jurídico es una sociedad de justicia y bienestar social.

5. La construcción del proyecto alternativo y de la democracia participativa: más allá de la CRBV

En políticas públicas siempre hay distancia entre lo formal y lo real, de allí que sea importante discutir, más allá del texto constitucional, cuál ha sido el avance en la práctica, tanto en lo que se refiere a la construcción de una sociedad con justicia social, como en el campo que particularmente nos ocupa: la construcción de una democracia participativa. Caracterizar el tipo de sociedad promovida por un determinado modelo de participación, es fundamental para no caer en la descontextualización que oculta el sentido de ésta, más allá del fortalecimiento de la sociedad.

En el transcurso de casi nueve años, tras la aprobación del nuevo texto constitucional, se ha ido delineando el proyecto alternativo, como dice Lander (2004), en el marco de la confrontación política y la experiencia del gobierno. De este modo se ha avanzado paulatinamente en la formulación e implementación de políticas públicas alternativas en todos los planos, incluso en el económico, que no estaba claro inicialmente, y particularmente en materia de participación directa.

La creación de condiciones formales acordes a la nueva Constitución ha sido una de las principales tareas del gobierno. Es necesario resaltar que, haciendo uso de una Ley Habilitante que autoriza al Presidente para dictar decretos con fuerza de ley, éste aprueba "49 leyes que marcaron la realización de eventos sistemáticos contra el gobierno por parte de los sectores de oposición, cuya mayor evidencia fue un paro económico a raíz de la aprobación de las mencionadas leyes, siendo las más conflictivas la Ley de Tierras y Desarrollo Agrario, la Ley de Pesca y Agricultura y la Ley de Hidrocarburos" (Ochoa, 2008a: 8). Con tales leyes se avanza en la creación de condiciones para la verdadera nacionalización de la industria petrolera, la justicia social y la participación; hay que resaltar que fueron consideradas por la oposición como un atentado contra la propiedad privada, que además confirmaba el carácter estatista o comunista del gobierno (Lander, 2004: 6). Las críticas a su contenido resultaron numerosas y también se consideró que el proceso no pasó por la consulta, sin embargo, los proyectos fueron consultados a través de encuentros con sectores históricamente afectados por los problemas que las leyes buscan resolver. La consulta abierta hubiese obstaculizado su aprobación, así lo demuestra la reacción de la oposición después de ocurrida ésta. Estamos de acuerdo con Canto (2000: 231-232), para quien algunas políticas no pueden ser "definidas en la arena del pluralismo, el ajuste partidario mutuo o la participación directa de los ciudadanos y que esto debe ser reconocido y aceptado aún por los que de una u otra manera se identifican con los valores del pluralismo y la democracia, e incluso por quienes promueven la participación ciudadana directa en determinadas áreas de la política pública". El ejemplo utilizado siempre es la seguridad de Estado, pero también son válidos temas que señalan cambios estructurales como la redistribución del ingreso, donde es pertinente el marco de la democracia representativa. Con esto no queremos decir que el fin justifique los medios; hemos manifestado que los gobiernos se definen por sus fines y medios, pero también aseveramos que la democracia directa en el proyecto de transformación es un canal para la construcción de una nueva sociedad, cuyo fin es el bienestar de las mayorías; frente a esto, y en el marco de la democracia representativa, no podemos hacer de los medios el fin.

A lo largo del gobierno de Chávez se han aprobado numerosas leyes que han agudizado los conflictos políticos, y se ha avanzado al mismo tiempo en delinear el proyecto alternativo. El control ejercido en el parlamento, por las fuerzas políticas que apoyan al gobierno,[1] ha facilitado el avance de la creación del marco institucional.

Se avanza considerablemente en la creación de condiciones para el bienestar social; en un principio, en pleno proceso constituyente, con la declaración del objetivo de pago de la deuda social, a través del Plan Bolívar 2000 dirigido por las Fuerzas Armadas. Éste "se inscribe en una política focalizada para atender graves problemas sociales que el Estado consideró deuda con los sectores en situación de exclusión social. Las áreas que habrían de ser atendidas por este proyecto son: salud, educación, infraestructura, empleo, seguridad y alimentación" (Ochoa y Rodríguez, 2003: 129). Esta estrategia de atención de viejos problemas sociales articuló el trabajo de varios ministerios e incorporó a la población en la ejecución y control de las actividades del plan, en condición de colaboradora de actividades sociales que debía realizar el Estado. Es una participación diferente a la promovida por el neoliberalismo; en ésta el financiamiento que da solución a los problemas descansa en la población. El rasgo organizativo fundamental en esta manera de atender los problemas sociales fue su rotación en espacios habilitados para la actividad, quedando los ciudadanos desasistidos al día

---

[1] En general a lo largo de los procesos electorales, los sectores políticos que apoyan al Gobierno han obtenido mayoría en la Asamblea Nacional, a esto se agrega que la oposición se retiró del proceso electoral, lo cual dejó en el parlamento absolutamente a los sectores del gobierno.

siguiente, problema que se ha resuelto poco a poco con la creación de las Misiones.

La creación de los programas denominados Misiones constituye un salto en la política social. Surgen después del triunfo del Gobierno en un paro de los sectores económicos y de la tecnocracia de la estatal petrolera. Este evento formó parte de las protestas de la oposición, iniciadas con la aprobación de las 49 leyes, pasando por un golpe de Estado en abril de 2002. Las Misiones[2] tienen un doble propósito, por una parte, la

---

[2] En los momentos actuales existen las siguientes Misiones: 1) Barrio Adentro, cuyo objetivo es "[...] garantizar el acceso a los servicios de salud de la población excluida [...]"; 2) Ciencia, "dirigida a modelar una nueva cultura científica y tecnológica [...]"; 3) Cultura: estrategia para consolidar la identidad nacional; 4) Guaicaipuro, tiene como propósito restituir los derechos de los pueblos indígenas [...]"; 5) Hábitat: su meta es "dar respuesta a los problemas de las familias y comunidades [...] en materia de construcción de vivienda [y] en el desarrollo del hábitat"; 6) Identidad: cedular a todos los venezolanos y extranjeros que viven en el país; 7) Madres del Barrio: su objeto es "apoyar a las amas de casa que se encuentran en estado de necesidad"; 8) MERCAL: mantener abastecida de alimentos a bajos precios a la población venezolana; 9) Milagro: realizar "[...] operación de afecciones de la vista de forma gratuita [...]"; 10) Miranda: "organizar, captar, registrar, controlar y entrenar a la Reserva de la FAN [...]" (Fuerza Armada Nacional); 11) Negra Hipólita: "[…] dirigida a combatir la marginalidad [...]" de niños, adolescentes, adultos en situación de calle, discapacitados y adultos mayores en situación de pobreza extrema; 12) Piar: atención a la comunidades mineras en el marco del Plan Integral de Desarrollo Sustentable; 13) Ribas: educación en el nivel de bachillerato a quienes no han podido culminar este nivel; 14) Róbinson I: su objeto es alfabetizar a todos los

vuelta al universalismo en políticas sociales, afectado en la década de 1990 con las políticas neoliberales, y por otra, la activación de la participación de los sectores que habían sido excluidos de la distribución de la renta petrolera.

Las Misiones constituyen estructuras organizativas paralelas a las instituciones establecidas, lo que sin lugar a dudas fue una forma de evadir el aparato público tradicional, obstaculizador del proyecto de transformación. Las Misiones han sido consideradas estrategias extrainstitucionales (D' Elia, 2006: 208), pero a nuestro juicio comprenden una innovación interinstitucional "articuladora de sectores, territorio y recursos, en razón de que está conformada teniendo en consideración la participación de diversos espacios territoriales, distintos sectores y la disponibilidad de recursos" (Ochoa, 2008b).

La primera Misión creada fue la de salud y se denominó "Barrio Adentro", cuyo significado dice sobre

---

ciudadanos que lo necesiten; 15) Róbinson II: enseñanza hasta sexto grado; 16) Sucre: garantizar el acceso a la educación universitaria a todos los bachilleres sin cupo, a través de la municipalización; 17) Che Guevara (antes Vuelvan Caras): su objeto es garantizar la participación del pueblo en la producción de bienes y servicios [...]"; 18) Zamora: reorganizar la tenencia y uso de las tierras ociosas con vocación agrícola; 19) Árbol: busca despertar en los habitantes el interés por los bosques, favorecer el equilibrio ecológico y la recuperación de los espacios degradados; 20) Villanueva: redistribuir la población sobre el espacio, y 21) Revolución Energética, para promover en la población el uso racional de energía (Gobiernoenlínea, 2008).

su ámbito de acción: "Entrar en la profundidad de los Barrios Marginales" (OPS, 2006: 25). "Con la Misión Barrio Adentro el gobierno central asume intensamente la prestación de servicios de salud, que hasta entonces descansaba fundamentalmente en las gobernaciones como parte del traslado de competencias en el proceso de descentralización de los noventa, con evidencias de privatización del servicio" (Ochoa, 2008a). Barrio Adentro es hoy un programa ubicado no sólo en los barrios marginales, sino en todos los sectores, y atiende de modo totalmente gratuito los requerimientos de salud, incluyendo especializaciones. Además activa y redimensiona los Comités de Salud que eventualmente venían creándose como estrategia de participación en condiciones de colaboración.

Los Comités de Salud vinculados a Barrio Adentro son organizaciones creadas por las comunidades para asumir las siguientes funciones: "Organizar las comunidades para desarrollar programas de atención mediante las estrategias de promoción y prevención de la salud, ejercer la contraloría social, participar en el proceso de formulación de políticas públicas en función de mejorar los problemas de cada comunidad, rendición de cuentas y desarrollar proyectos que contribuyan a contrarrestar las necesidades de la comunidad" (SAHUM, 2004).

Por razones de espacio, hemos expuesto solamente el rumbo que toma la participación en salud, pero todas las misiones conjugan el bienestar social con la participación directa de las comunidades, con un rol determinante de la Asamblea de Ciudadanos, definida en la nueva Constitución como vinculante para todos los sectores.

La promoción de la economía social, particularmente las cooperativas, es otra política del proyecto de transformación, con incidencia en las condiciones de vida de la población y en la democracia participativa; está estrechamente vinculada a la promoción del desarrollo endógeno, a lo que fue originalmente la Misión Vuelvan Caras, hoy Misión Che Guevara. El deber del Estado, de impulsar las cooperativas, asumió rango constitucional al quedar establecido en el artículo 118 de la CRBV que "promoverá y protegerá estas asociaciones destinadas a mejorar la economía popular y alternativa". La política formal avanzó con la creación de la nueva Ley de Cooperativas y otras normas dirigidas a garantizar la vida de las cooperativas, sobre las cuales pesan numerosos obstáculos.

Un problema para el viceministro de Planificación y Desarrollo Social (Denis, 2002: 234) ha sido viabilizar la economía social dentro de una realidad económica llena de adversidades nacionales y globales, y dentro de una herencia sociocultural que en lugar de ayudar a organizar el trabajo ha contribuido a desaparecerlo; el camino no es fácil de recorrer, si se quiere llevar adelante un proceso profundo de transformación de la economía que permita la democracia participativa.

Como parte de la búsqueda de estrategias para

viabilizar la economía social, el Gobierno modificó en 2003 el Reglamento de Licitaciones del Estado; en éste se obliga a los entes públicos a contratar con las cooperativas locales la realización de trabajos de asistencia y mantenimiento de obras de infraestructura, para lo que se establecen los montos de las obras en unidades tributarias. Tres años después de esta decisión, Santana (2006) denuncia que el aparato público está infringiendo tal decreto, y alerta a los Consejos Comunales sobre la necesidad de evidenciar esta violación a la norma y hacer de ella una herramienta para el desarrollo endógeno.

Las políticas para la economía social han tenido expresión, según Chirinos (2008), en acciones sobre: a) promoción de organización de las bases sociales, b) formación en valores de solidaridad, asociatividad, cooperación, c) capacitación para el trabajo, d) dedicación de cuantiosos recursos para financiar cooperativas y e) incorporación de normas en el aparato público para romper con el cerco a las cooperativas en los procesos de contratación de la administración pública. Al inicio del gobierno de Chávez había en el país 820 cooperativas registradas en la Superintendencia Nacional de Cooperativas (SUNACOOP); el registro de dichas organizaciones tomó un impulso a raíz del paro económico de 2003. El número de cooperativas en 2006 era de 108 000 (SUNACOOP, citado por Bowman y Stone, 2006). Es importante aclarar que el desarrollo de esta política pública tiene los avatares propios de una sociedad en transición. Son frecuentes las denuncias "sobre irregularidades en el proceso cooperativista; los sectores tradicionales al igual que los sectores oficiales han denunciado que se está abusando de la forma cooperativa para burlar los derechos laborales. Denuncian, por ejemplo, la contratación de cooperativas como fuerza laboral, dejando a los trabajadores sin seguridad social, estabilidad laboral, y excluidos del contrato colectivo respectivo" (Pate, 2006). En todo caso, es un proceso que ha permitido la participación de los trabajadores en la conjunción de lo social y lo económico, y en el cual queda mucho por hacer en torno a la construcción de una sólida economía social.

En la práctica, desde inicios de 1999 y al calor del proceso constituyente, se puso énfasis, a través de algunas instancias del aparato público, en estrategias de participación ciudadana. Un caso paradigmático es la política de participación promovida desde mayo de ese año por la empresa del Estado prestadora de servicios de agua potable y saneamiento en la ciudad de Caracas, a través de la estrategia denominada Mesas Técnicas de Agua. De acuerdo con Arconada (2006), existen más de 2 000 organizaciones de este tipo instaladas a lo largo y ancho del país, consideradas como "una experiencia de manejo público del agua absolutamente novedosa en América Latina y un modelo a seguir para los movimientos y organizaciones que rechazan el modelo de privatización del recurso".

La experiencia en el funcionamiento de las Mesas

Técnicas de Agua como estrategia de participación ha contribuido a promover este tipo de organización en otros sectores; posteriormente (2002) se crearon, con similares características, los Comités de Tierras Urbanas, los Consejos Comunitarios de Vivienda y Hábitat (2005), los Comités de Salud ya mencionados (2003) y, entre otros, las Mesas Técnicas de Energía; vale decir que por medio de estas últimas los ciudadanos se han organizado para realizar diagnósticos, hacer propuestas y manejar recursos para la solución de los problemas de su entorno. El proceso de participación a través de dichas estrategias ha tenido poca visibilidad política, pues a pesar de su presencia a nivel nacional ha sido un trabajo callado con logros importantes en la organización de las comunidades para diagnosticar sus problemas, demandar soluciones, participar en discusiones de leyes y asumir la solución conjuntamente con el Estado.

Un impulso formal en materia de participación lo constituye la creación de la Ley de los Consejos Locales de Planificación Pública (LCLPP) (AN, 2002), sobre la cual se venía trabajando desde 2001 y que fue aprobada en plena crisis política, justamente después del golpe de Estado que sacó por 48 horas a Chávez del Gobierno. La LCLPP constituye una vía para construir una descentralización participativa con base en el fortalecimiento del municipio. Los Consejos Locales de Planificación Pública (CLPP) se sustentan en el artículo 158 de la Constitución, que reza lo siguiente: "La des-

centralización, como política nacional, debe profundizar la democracia, acercando el poder a la población
y creando las mejores condiciones tanto para el ejercicio de la democracia como para la prestación eficaz y
eficiente de los cometidos estatales". La participación
ciudadana, que en el modelo de descentralización de
los años noventa quedó a discreción de los gobiernos
estatales, asume rango constitucional.

Los CLPP "son instancias a través de las cuales se
da capacidad de decisión a la sociedad en el proceso
de planificación del gobierno local, siguiendo el sistema de planificación del Estado venezolano, de modo
que son una instancia de participación ciudadana y
una instancia de planificación. Con esta ley se intenta
avanzar hacia la descentralización político-territorial
participativa, fortaleciendo el municipio en el marco
de lo previsto en la constitución" (Ochoa, 2008a).

La ley fue considerada anticonstitucional por la
Asamblea de Alcaldes; la identificaron como una estructura paralela a la Alcaldía y a la Cámara Municipal
(Ochoa, 2008a). Esta oposición es explicable por la participación mayoritaria de representantes de la sociedad organizada en los CLPP, escogencia que descansa
de acuerdo con la ley en la Asamblea de Ciudadanos,
en la cual debe participar, en condiciones de testigo, la
defensoría del pueblo. Se trata de un proceso formalmente diseñado para fortalecer la descentralización
participativa a nivel municipal.

La práctica ha desvirtuado el modelo; las estrategias de evasión de la ley por parte de los alcaldes, tanto los de oposición como los que respaldan al Gobierno, son diversas, van desde presentar dificultades en la selección de los representantes, teniendo como soporte diferencias en la interpretación de la ley, hasta el uso de prácticas clientelares que han convertido en fracaso este sistema local de democracia participativa; el compromiso del Gobierno con la construcción de esta última, como estrategia para avanzar en un proyecto de transformación para el bienestar social, explica la búsqueda de alternativas interpretadas como centralistas por quienes defienden la descentralización político-territorial a favor de los gobiernos subnacionales, que hasta ahora no han sido capaces de transferir poder a los ciudadanos organizados.

Es necesario hablar, antes de cerrar esta sección, de una estrategia de participación utilizada por el gobierno de Chávez, activada en pleno conflicto político en 2002: Los Círculos Bolivarianos. Se trata de organizaciones de la sociedad promovidas por el mandatario para defender la revolución; cumplieron un papel ideológico importante no sólo en el país, sino también a nivel internacional. En los Círculos Bolivarianos no tiene cabida el pluralismo, son organizaciones más ideológicas que sociales promovidas por Chávez en su condición de líder de un proyecto ideológico, aunque no institucionalmente desde el aparato estatal.

Existe una profunda diferencia entre los Círculos Bolivarianos y las estrategias de participación que se promueven desde el aparato estatal; en las primeras no intervienen quienes se oponen al Gobierno, y en esto incide, como se ha dicho popularmente, su satanización por parte de sectores de la oposición. En las segundas se produce el encuentro entre los sectores opuestos, entre ciudadanos, no como militantes de un proyecto ideológico; basta asistir a asambleas de Mesas Técnicas de Agua, Comités de Tierra, Consejos Comunales, etcétera, por supuesto con mayor peso de uno u otro grupo político, dependiendo de la comunidad de que se trate.

6. Un salto en la política de participación: Los Consejos Comunales

Los Consejos Comunales son formalmente parte de la política del gobierno de Hugo Chávez y funcionan como entes que promocionan la organización de la sociedad para la construcción de la democracia participativa y del poder popular, a través de la participación en distintas dimensiones y diversas formas. Es una política expresada en la Ley de los Consejos Comunales (AN, 2006), cuya aplicación ha producido una gran movilización de los ciudadanos en torno a la instauración de estas organizaciones.

Para algunos autores (López, 2007: 1) la participación se debilita cuando es promovida por el Estado, y en el caso de los Consejos Comunales la crítica se intensifica debido a que se previó la creación de la Comisión Presidencial del Poder Popular, designada por el Presidente de la República; no obstante, formalmente las funciones asignadas a la comisión referida son de promoción de los Consejos Comunales, funciones que también realizan otras instancias de la administración pública nacional y subnacional.

Los Consejos Comunales toman impulso cuando el Gobierno decide regularlos; hay que recordar que venían conformándose en el marco de la LCLPP. La aprobación de la Ley de los Consejos Comunales se produce meses antes de las elecciones presidenciales en las cuales Chávez participó para reelegirse, por esta razón ha sido considerada como una estrategia para incrementar su popularidad, aunque, según Ochoa (2008a), "es atrevido pensar que el triunfo contundente de Chávez, en las elecciones de ese año, sea producto de la Ley de los Consejos Comunales". Chávez obtuvo 7.309.80 votos, un 62,84 por ciento del total, y su contendiente más cercano, Manuel Rosales, 4.292.466, el 36 por ciento (CNE, 2008). La oferta electoral de Chávez en este proceso fue el socialismo, aunque, como señalan algunos autores (López, 2007), sin definiciones. El discurso se centró en ofertas políticas donde el tema de la participación y el poder popular ocuparon un lugar relevante.

El objeto de la Ley de los Consejos Comunales es "crear, desarrollar y regular la conformación, integración, organización y funcionamiento de los consejos comunales; y su relación con los órganos del Estado, para la formulación, ejecución, control y evaluación de las políticas públicas" (AN, 2006: artículo 1). Dejemos por lo pronto el contenido de la ley para abordar una de las cuestiones que ha sido objeto de críticas: el proceso utilizado para formular esta política, que ha generado posiciones encontradas.

6.1. El proceso de aprobación de la ley de los Consejos Comunales

Para ciertos autores (López, 2007) el proceso de aprobación de la Ley de los Consejos Comunales no pasó por la consulta. Siendo estrictos, el proyecto de ley sobre los Consejos Comunales no tuvo discusión como tal, sino que fue producto de la discusión sobre los Consejos Comunales en el marco de la reforma a la LCLPP. Velásquez (2007), en su condición de ministro del Poder Popular para la Participación y el Desarrollo Social, miembro de la Asamblea Nacional cuando se aprobó la Ley de los Consejos Comunales, considera que: "La Ley surgió como producto de la opinión popular con respecto a las reformas que se iban hacer de la Ley de los Consejos Locales, en realidad no había un proyecto de Ley de los Consejos Comunales, surgió en el marco del debate y la consulta pública en el Parlamentarismo de Calle.[3] Estas discusiones dieron elementos de

---

[3] Estrategia creada a raíz de un parlamento alineado totalmente con las fuerzas que respaldaron a Chávez, debido al retiro de los candidatos de la oposición.

cómo ir creciendo y profundizando en un mecanismo permanente en la Asamblea (Comisión Especial) que regularmente daba informes de cómo se están constituyendo y funcionando los Consejos Comunales, para un proceso de acompañamiento". En otro documento, Velásquez (2006) señala "que los Consejos Comunales puedan recibir recursos y administrarlos, la opinión mayoritaria del pueblo y del parlamentarismo social, fue que era necesario construir un marco legal propio para los Consejos Comunales y convertirlos en piedra angular de la democracia participativa y protagónica" (Velásquez, 2006). Esta posición fue ratificada por Souki (2008), diputado de la Asamblea Nacional, para quien, en las discusiones en el Parlamentarismo de Calle, fue evidente la demanda de creación de una ley para regular los Consejos Comunales. No obstante, la mayoría se inclinó por mantener regulado el tema en la LCLPP.

Es necesario aclarar dos cuestiones: por una parte, es bastante probable que la tendencia mayoritaria en esta consulta haya sido la de creación de una ley especial para los Consejos Comunales; porque como venían siendo tratados legalmente, al formar parte de la LCLPP, los Consejos Parroquiales y Comunales no pasaban de ser una formalidad, y dar mayor peso legal es siempre una vía que, se considera, puede permitir avanzar en el logro de objetivos no alcanzados, trás de lo cual está la identificación del modelo normativo como causa de los problemas de gestión. La otra cuestión que no debe perderse de vista es el carácter no vinculante de la consulta que debe realizarse para la aprobación de leyes, es decir, la asamblea como instancia de decisión no está obligada a asumir los resultados. En resumen, no hay decisión directa del pueblo, como señalan los críticos del proceso de formulación de la ley; hay decisión indirecta a través del Parlamento, alimentada de la consulta.

Detrás de cada una de las posiciones respecto de cómo se llevó el proceso está la defensa de dos posiciones sobre el contenido de la ley, más concretamente sobre las relaciones de los Consejos Comunales con el Estado. Para quienes se violó la decisión del pueblo, los Consejos Parroquiales y Comunales deben ser instancias de participación de los CLPP a través de un representante. Es la defensa del modelo de descentralización diseñado y puesto en práctica en los años noventa; en éste el poder se traslada a los niveles subnacionales, aun cuando se mejora al garantizar formalmente la participación, aunque con escaso avance en el desarrollo de una democracia participativa; es lo que hemos denominado descentralización territorial del poder (Ochoa *et al.*, 2007).

La posición del Gobierno evidencia interés en promover la participación desde el nivel central y busca garantizarla frente a las dificultades de su desarrollo a través de los niveles subnacionales. Estamos de acuerdo con Canto (2000: 250), quien, siguiendo a Peters, dice que "las políticas que presentan un elemento fundamental de variación local pueden ser adecuadas para un enfoque de abajo hacia arriba, mientras que aquellas en las que la igualdad significativa, por ejemplo las que involucran derechos civiles básicos, pueden ser mejores candidatas a usar el enfoque de arriba hacia abajo".

En definitiva, no fue sometido a consulta abierta un proyecto de ley de los Consejos Comunales como tal, pero el proyecto fue producto de la consulta realizada sobre el tema en el proceso de reforma de la LCLPP.

6.2. ¿Qué tipo de participación se promueve formalmente a través de los Consejos Comunales?

De acuerdo con el artículo 2 de la Ley (AN, 2006): "Los Consejos Comunales en el marco constitucional de la democracia participativa y protagónica, son instancias de participación, articulación e integración entre las diversas organizaciones comunitarias, grupos sociales y los ciudadanos, que permiten al pueblo organizado ejercer directamente la gestión de las políticas públicas y proyectos orientados a responder a las necesidades y aspiraciones de las comunidades en la construcción de una sociedad de equidad y justicia social". De este artículo se desprende que a través de los Consejos Comunales se promueve la participación en las comunidades y en la gestión pública; otros dan cuenta de la participación en la economía social. Veamos qué tipo de participación tienen en cada uno de estos ámbitos, considerando los procesos de decisión, ejecución y control, básicos en todas las organizaciones.

6.2.1. Participación en la toma de decisiones

El ámbito de la sociedad, objeto de participación directa desde los Consejos Comunales, lo constituyen comunidades de un máximo de 400 familias, a través de un sistema que da capacidad de decisión, ejecución y control sobre el destino de la comunidad. Las características de la participación directa obstaculizan su aplicación en grupos grandes, como lo han señalado varios autores (Sartori, 2007; Bobbio, 1996).

Para participar en la comunidad, el Consejo Comunal dispone, según la ley, de la Asamblea de Ciudadanos, que constituye "la máxima instancia de decisión" y cuyas resoluciones son, de acuerdo con la misma ley, de carácter vinculante para el Consejo Comunal respectivo. La precisión del carácter vinculante de la Asamblea de Ciudadanos crea confusión en relación con lo establecido en la CRBV, por cuanto se considera que las decisiones de dicha asamblea son vinculantes también para el aparato estatal, por supuesto, teniendo en cuenta el marco jurídico existente, tema sin consenso, especialmente por la negativa de los funcionarios públicos a considerar que tales decisiones son vinculantes para el aparato público.

En la Asamblea de Ciudadanos los miembros de la comunidad deciden sobre el destino de ésta, a través del encuentro de quienes comparten un área geográfica, historia, intereses, servicios públicos, necesidades y potencialidades de diversa índole. Esta instancia de decisión tiene, entre otras, la función de aprobar las normas de convivencia de la comunidad, su plan de desarrollo y los proyectos para su beneficio, además de definir la base poblacional del Consejo Comunal y articular las distintas organizaciones, al escoger los voceros de los diferentes Comités de Trabajo que integran el órgano ejecutivo de cada Consejo Comunal, los cuales están relacionados con las organizaciones que se han venido conformando en los últimos años y que dejan abierta la posibilidad de participación de viejas organizaciones.[4] Se trata de una instancia de encuentro de los habitantes de un espacio, cuyo punto de partida obligatorio es reflexionar sobre sus condiciones de vida.

La base poblacional de los Consejos Comunales ha sido uno de los aspectos cuestionados. López (2007) se pregunta ¿cuál es la capacidad de interlocución y negociación de un Consejo Comunal de 400 familias pobres con el gobierno central? "Esta posición deja de

---

[4] Se definen los siguientes Comités de Trabajo: 1) Comité de Salud; 2) Comité de Educación; 3) Comité de Tierra Urbana o Rural; 4) Comité de Vivienda y Hábitat; 5) Comité de Protección e Igualdad Social; 6) Comité de Economía Popular; 7) Comité de Cultura; 8) Comité de Seguridad Integral; 9) Comité de Medios de Comunicación e Información; 10) Comité de Recreación y Deportes; 11) Comité de Alimentación; 12) Mesa Técnica de Agua; 13) Mesa Técnica de Energía y Gas; 14) Comité de Servicios y 15) cualquier otro que considere la comunidad de acuerdo con sus necesidades.

lado varias cuestiones, en primer lugar la capacidad de negociación es un problema político, que no sólo depende de la cantidad de personas, sino de aspectos cualitativos como posibilidades de movilización de los involucrados, relaciones políticas, compromiso político, estrategias de presión, etc. En segundo lugar, esta posición también desconoce la posibilidad de mancomunidad de Consejos Comunales, establecida en la ley, lo que implica el crecimiento del número de miembros en la lucha frente a cualquier nivel político-territorial. Finalmente se deja de lado que si de números se trata, la debilidad no estaría sólo frente al gobierno nacional, sino frente a cualquier nivel político-territorial" (Ochoa, 2008a).

Estamos conscientes de que la creación de condiciones legales no garantiza la definición del modelo establecido, porque la realidad siempre se aleja de lo previsto, aunque constituye una estrategia promotora de la articulación de numerosas y diversas organizaciones de las comunidades, mencionadas en páginas anteriores, que se han venido desarrollando a lo largo del periodo de transformación, con un intenso trabajo de participación en los distintos ámbitos: en la sociedad, en el aparato estatal y en organizaciones de la economía social; igualmente intervienen en diversas fases del proceso administrativo, pero trabajan centradas en problemas específicos, sin articulación.

La Asamblea de Ciudadanos ha sido considerada "el mandato más trascendental y más revolucionario,

por sus consecuencias tanto teóricas como prácticas"
(Pérez, 2006). No sólo decide sobre lo que ha de ejecu-
tar el Consejo Comunal, sino también sobre proyectos
a financiar por el aparato público, es decir, parte de la
gestión de las políticas públicas efectuada por los Consejos Comunales se fundamenta en los diagnósticos y
proyectos realizados y propuestos por éstos; en este
proceso orientan la satisfacción de sus necesidades,
más allá de la sola ejecución de proyectos por parte del
ente público financiero. Con esto queremos significar
que los miembros de las comunidades organizadas en
Consejos Comunales participan en decisiones del aparato público que les afectan directamente.

Adicionalmente, la Asamblea Nacional consulta a
los Consejo Comunales por medio del Parlamentarismo de Calle, a fin de conocer su opinión sobre los proyectos de ley; éste es, hasta el instante, el procedimien-
to de participación directa de los Consejos Comunales
en las grandes decisiones del país y también una vía
que vincula la democracia directa con la democracia
representativa. Además de esta forma de participación, la construcción de la democracia participativa ha
contemplado el referéndum como forma de decisión
de los ciudadanos en materias que afectan a toda la
sociedad.

A través de los Consejos Comunales los miembros
de las comunidades participan en decisiones sobre la
economía social, a ser impulsada en las mismas. Los
proyectos productivos son decididos la en Asamblea

de Ciudadanos, incluso cuando la ejecución sea responsabilidad de un grupo pequeño.

En definitiva, por medio de la Asamblea de Ciudadanos, instancia de decisión de las comunidades con rango constitucional, los miembros de éstas intervienen en decisiones que involucran, además, al aparato estatal e inciden en la economía social.

6.2.2. Participación en la ejecución de decisiones

La ley asigna a los Consejos Comunales capacidad de gestión de políticas públicas[5] con recursos del Estado; esto se distancia de la participación promovida desde el proyecto neoliberal, que busca reducir el gasto público. La participación de los Consejos Comunales en la ejecución de proyectos financiados por el Estado constituye, a nuestro juicio, un aspecto clave promotor de tales organizaciones, en razón de que abre la posibilidad de recibir y administrar directamente recursos del Estado para dar solución a los problemas de las comunidades.

Esta política ha venido acompañada de otras decisiones del gobierno para garantizar el traslado de recursos directamente a los Consejos Comunales; la reforma en 2006 a la Ley del Fondo Intergubernamental para la Descentralización (FIDES) y a la Ley de Asignaciones Especiales (LAEE), para asignar a los

---

[5] Interpretamos que el concepto de gestión en la ley se utiliza como sinónimo de ejecución o implementación.

Consejos Comunales un 30 por ciento de los recursos vinculados a estas leyes, es expresión de esto; así, se reducen los recursos entregados a los gobiernos subnacionales y se entregan directamente a los Consejos Comunales, con base en los proyectos elaborados por éstos. Se trata de una estrategia criticada por quienes defienden la asignación de recursos a los gobiernos referidos, lo cual tiene al menos dos lecturas: una afirma que se fortalece la relación entre el gobierno central y los Consejos Comunales y se debilita la relación de éstos con los gobiernos subnacionales, detrás estaría la necesidad de captar votos por parte del Gobierno central; en este sentido, Barrios (2006) considera "evidente la utilización descarada de los recursos del Estado para su objetivo de los 10 millones de votos y asignar a sus adeptos las finanzas para sus proyectos de acuerdo a su afiliación política". La otra apunta a defender el fortalecimiento de las comunidades, marginadas por los gobiernos subnacionales que luchan por conservar el poder; un ejemplo claro es la solicitud de los alcaldes de nulidad de la Ley de los CLPP, que da capacidad de decisión a la sociedad organizada, y la negativa a transferir poder a las comunidades a lo largo del periodo de descentralización iniciado a fines de los años ochenta.

En defensa de la necesidad de transferir directamente recursos a las comunidades sin la mediación de los gobiernos subnacionales, es necesario destacar que para algunos activistas de la organización de las comunidades (Chirinos, 2008) los sectores de clase media y de oposición organizados en Consejos Comunales han tenido, con frecuencia, más posibilidades de obtener recursos que los vinculados al Gobierno, lo que se explica por la capacitación para diseñar proyectos y establecer relaciones con el aparato público. Dado el grado de polarización política existente en el país, es absurdo pensar que el Gobierno podría estar creando condiciones para sumar votos de los sectores medios. Esto, aunado a las cifras citadas en páginas anteriores respecto a los resultados electorales y a los obstáculos de los niveles subnacionales, nos permite pensar que detrás de la eliminación de esta mediación para asignar recursos a las comunidades, está la necesidad de eliminar trabas político-burocráticas, a fin de avanzar en la construcción de la democracia participativa.

La intervención de los Consejos Comunales en la ejecución de proyectos no se produce sólo con financiamiento del Estado; estas organizaciones están en libertad, como cualquier organización de la sociedad, de obtener ingresos de otras fuentes de financiamiento, entre éstos los recursos propios, por lo que también participan ejecutando proyectos al margen de su relación con el Estado.

Para la ejecución de las decisiones de la Asamblea de Ciudadanos, los Consejos Comunales cuentan con dos unidades organizativas: 1) La Unidad de Gestión Financiera y 2) El Órgano Ejecutivo. La primera se denomina Banco Comunal y sus socios son los ciudadanos pertenecientes a un Consejo Comunal o a una Mancomunidad; pero su dirección es responsabilidad de cinco miembros del Consejo Comunal electos en Asamblea de Ciudadanos, es decir, el banco es un órgano ejecutor de decisiones democráticas.[6] La Unidad de Gestión Financiera es una novedosa estrategia organizativa, cuyas funciones van mucho más allá del manejo de los recursos financieros; se le asignan funciones de promoción del desarrollo local, de la economía social y, entre otras, prestación de asistencia social.

El Banco Comunal maneja recursos retornables destinados a proyectos productivos,[7] y no retornables, destinados a la dotación de infraestructura para la comunidad (Chacón, en entrevista a Godoy, 2008). Se trata, al menos formalmente, de un esquema que prevé protección inicial por parte del Estado, para promover autosuficiencia financiera de las comunidades a me-

---

[6] Al Banco Comunal se le asigna la figura jurídica de cooperativa y se rige, entre otras, por la Ley de Cooperativas, quedando claro que no se regirá por la Ley de Bancos.
[7] Se cobra tasa de interés solidaria que debe permitir construir un fondo de riesgo, uno de acción social y uno para gastos operativos e intereses a la institución que suministra los recursos. El retorno permite financiar a otros beneficiarios. La asignación de recursos para créditos productivos, la realiza el Gobierno nacional a través de una línea de crédito otorgada por el Fondo de Desarrollo Microfinanciero (FONDEMI), que pasa previamente por aplicar estrategias de capacitación a los integrantes de los bancos comunales, respecto al ordenamiento jurídico e información básica sobre administración y finanzas.

diano y largo plazo. Este apoyo, que forma parte además de la política de participación y de la política de desarrollo de la economía social del gobierno, no es de uso obligatorio, los bancos comunales están en libertad de obtener recursos con otras instituciones, públicas o privadas, cuestión que puede acoger el beneficio del cumplimiento de responsabilidad social por parte de las empresas que reciben financiamiento del Estado. En todos los casos, los recursos deben ser manejados por el Banco Comunal de acuerdo con las decisiones de la Asamblea de Ciudadanos y bajo la mirada de la Contraloría Social.

Las funciones del Órgano Ejecutivo giran, según el artículo 21, en torno a creación de condiciones organizativas, particularmente de articulación, "en defensa del interés colectivo y el desarrollo integral, sostenible y sustentable de las comunidades"; promoción del funcionamiento planificado y participativo del Consejo Comunal siguiendo las decisiones de la Asamblea de Ciudadanos; impulso de la economía social; defensa de la soberanía territorial y, entre otras, la participación en las consultas parlamentarias a través de lo que la ley llama Parlamentarismo Social, mejor conocido como Parlamentarismo de Calle, citado en páginas anteriores. Estas funciones dan cuenta del papel del Órgano Ejecutivo en la construcción de un modelo de sociedad y de economía alternativos.

El Órgano Ejecutivo está integrado por voceros, nombrados a su vez por la Asamblea de Ciudadanos para cada Comité de Trabajo. El vocero no es un representante, es un coordinador que transmite decisiones de las instancias de participación directa; debe ser, según el artículo 4 de la ley, una persona "de reconocida solvencia moral, trabajo comunitario, con capacidad de trabajo colectivo, espíritu unitario y compromiso con los intereses de la comunidad". Los voceros deben promover la participación de la Asamblea de Ciudadanos en los Comités de Trabajo, donde se diagnostica la realidad y se realizan propuestas sobre las cuales la primera toma decisiones, que son obligatorias para todos los miembros del Consejo Comunal. Con este sistema la relación con el Estado tiene lugar a partir de las decisiones de los pobladores, lo que que evita relaciones clientelares.

6.2.3. Participación en el control a la gestión

La Contraloría Social en la Ley de los Consejos Comunales alude al control que deben realizar los miembros de la llamada Unidad de Contraloría Social, escogidos por la Asamblea de Ciudadanos, a los órganos ejecutivos del Consejo Comunal, denominados "Órgano Ejecutivo" y "Unidad de Gestión Financiera" o "Banco Comunal". Estrictamente hablando, se trata de un control interno del Consejo Comunal a los órganos ejecutivos, bajo la mirada de la máxima instancia de decisión, que no es objeto de control por la unidad citada. Así planteado, el sistema de control deja de lado la realización de este proceso sobre la Asamblea de Ciudadanos, que quedaría en manos de iniciativas de contraloría social de los ciudadanos al margen de la Ley de los Consejos Comunales.

La contraloría social es un proceso en el cual los ciudadanos, en defensa de derechos generales e intereses colectivos, dan seguimiento a las decisiones y acciones de cualquier organización; es una estrategia de participación que constituye un importante recurso político para promover el desarrollo de un proyecto alternativo; en este sentido requiere ser activada tanto en la ejecución como en las orientaciones; ubicarse sólo en la ejecución significa considerar que las reglas del juego responden a las necesidades sociales.

La participación de la población en el control a la gestión pública, a través de los Consejos Comunales, queda expresada en el primer artículo de la ley; a nuestro juicio esto fortalece un derecho y un deber constitucional que tienen todos los ciudadanos, el cual puede ser ejercido individualmente o a través de organizaciones, en todo caso en defensa de intereses colectivos; derecho y deber que hasta ahora es muy débil en el país; prácticamente no ha traspasado los límites del discurso y del mandato legal. Sin embargo, la función de contraloría social a la gestión pública no se retoma en el resto de los artículos.

A pesar de que los Consejos Comunales se sostienen fundamentalmente con recursos del Estado, como ha sucedido históricamente en el país con gran parte de las empresas privadas, no son parte del aparato estatal, aunque tal como se vienen perfilando constituyen el germen de un nuevo Estado, que desplaza a los sectores tradicionales del poder y va incorporando a los sectores hasta ahora excluidos de éste. En este contexto, el derecho de los ciudadanos, organizados o no, a participar a través del control a la gestión pública, es válido para vigilar la tarea de los Consejos Comunales en todas sus instancias, como estrategia que garantice la construcción del proyecto alternativo. Es ésta una cuestión que no está clara en la política formalmente definida para los Consejos Comunales.

El control a las iniciativas de economía social está restringido en la ley para ser realizado por los cinco miembros de la Unidad Contralora, sin embargo, los miembros del Consejo Comunal pueden hacer uso del derecho a defender los intereses colectivos que la Constitución otorga a todos los ciudadanos, y esto es válido para organizaciones que no siendo claramente del Estado sus recursos provienen fundamentalmente de éste: es el caso de los Consejos Comunales; de lo contrario, al presentarse desviación de lo establecido, el recurso legal disponible es convocar a la Asamblea de Ciudadanos; ésta tiene la potestad para revocar el mandato de los voceros y demás integrantes de los órganos del Consejo Comunal.

**Cuadro 1. Carácter y ámbitos de la participación directa
establecidos formalmente a través de los Consejos Comunales**

Ámbito \ Carácter	Proceso de decisiones	Proceso de ejecución	Proceso de control
Participación en la comunidad	Participación en la Asamblea de Ciudadanos, en decisiones vinculantes para los miembros del Consejo Comunal, sobre el destino de la comunidad.	Ejecución de decisiones de la Asamblea de Ciudadanos en materia de elaboración de planes, organización, registro de información, solución de problemas de la comunidad, registro del Consejo Comunal, promoción de la participación, articulación de las organizaciones de la comunidad y ejecución de los recursos financieros.	Control al funcionamiento, a la ejecución del plan de desarrollo y a los proyectos del Consejo Comunal.
Participación en el aparato estatal	Participación en la Asamblea de Ciudadanos, en decisiones vinculantes para el aparato estatal sobre el destino de la Comunidad y sobre proyectos a ser financiado por el Estado. Participación, a través de la consulta del Parlamentarismo de Calle, de la Asamblea Nacional.	Ejecución de proyectos financiados por distintas instituciones del Estado, aceptados en la Asamblea de Ciudadanos.	Contraloría social a las políticas públicas en los distintos niveles de gobierno.
Participación en la economía social	Participación en las decisiones de la Asamblea de Ciudadanos sobre proyectos productivos de miembros de la comunidad, a ser financiado por el Banco Comunal.	Ejecución de los proyectos productivos de economía social, financiados por el Banco Comunal y otras fuentes de financiamiento.	Control a las cooperativas y otras formas de economía social de la comunidad.

Fuente: Elaboración propia

En el Cuadro 1 se resumen las características de la participación directa, considerando el carácter y espacios de participación establecidos formalmente.

6.3. Más allá de la Ley de los Consejos Comunales

Como bien sabemos, la práctica siempre se aleja de lo programado, de los mandatos formalmente establecidos y, en general, de la orientación que debe guiar a las organizaciones. Los Consejos Comunales, en su corto tiempo de vida, son objeto de gran interés de la comunidad científica; los trabajos están en curso,[8] es cuestión de esperar que la dinámica de producción de conocimiento nos permita avanzar en la comprensión de este ensayo de democracia directa en Venezuela; por lo pronto nos arriesgamos a realizar una exploración del desarrollo de los Consejos Comunales.

Previamente, es necesario destacar que el Gobierno avanza en la formulación e implementación de políticas para la transformación en todos los planos; como señalaron en El Troudi (*et al.*) (2005: 9), "existen pocos campos de la realidad venezolana que no hayan sido tocados por los labios fecundos de la acción transformadora". Como parte de este proceso, el Estado marcha en el diseño y promoción de un sistema de participación para la construcción del poder popular. En la reforma propuesta a la Constitución a fines de 2007, proceso que el Gobierno perdió en un referéndum, la línea conductora de los cambios era dar mayor poder a las comunidades, como estrategia para el avance de un socialismo, que aún en el proyecto de reforma seguía sin estar claro, pero que debería desarrollarse a partir del poder de las mayorías sociales.

---

[8] En la Universidad Bolivariana de Venezuela (UBV) se están realizando numerosas investigaciones sobre los Consejos Comunales, institución que, además, tiene una gran experticia en acompañamiento de las comunidades que crean esta estrategia de participación, como parte de su práctica de apoyo a la transformación de la realidad, por académicos y estudiantes.

El progreso sistemático del diseño del sistema se manifiesta en la incorporación de los Consejos Comunales como estrategias de participación en todas las leyes aprobadas, tras haberse aceptado la Ley de los Consejos Comunales. Ejemplo de esta política es que se hayan otorgado funciones de fiscalización e inspección a estos últimos en la Ley contra el Acaparamiento, aprobada en 2007 (Velásquez, 2007).

El tema de la capacitación, fundamental para el avance de esta estrategia de participación, ha ocupado la atención de los distintos niveles de gobierno, de la oposición y hasta del sector privado. Es evidente el interés de diversas organizaciones para "ayudar" a los Consejos Comunales en su capacitación a precios solidarios o de modo gratuito. Está en "bandeja de plata" acercarse a las comunidades organizadas. Por su parte, el Gobierno, concretamente el Presidente, insiste en sus alocuciones semanales en radio y televisión, sobre la necesidad de capacitar a los Consejos Comunales; en respuesta, desde diversas instituciones del Gobierno se han creado numerosas estrategias de capacitación y apoyo técnico a dichas organizaciones.

No está claro cuáles son los recursos asignados por el Gobierno a los Consejos Comunales, las cifras varían considerablemente según la fuente, pero, en todo caso, una de las más bajas la proporciona el ministro Velásquez (2007), quien declara que el gobierno había destinado, hasta diciembre de 2007, 5.3 billones de bolívares, es decir, 2 465 116 279 millones de dólares para proyectos, de los cuales el 80 por ciento había sido ejecutado, y quedaban pendientes 1.4 billones, a ser destinados durante el resto del año 2007.

Así, para noviembre de 2007, antes del referéndum sobre la reforma constitucional, las comunidades habían creado 33 549 Consejos Comunales. No tenemos cifras que nos permitan conocer cuántos habitantes están organizados en Consejos Comunales, pero teniendo en consideración que: 1) la base poblacional en las zonas urbanas oscila entre 200 y 400 familias, en las zonas rurales existen cerca de 20 y en las comunidades indígenas 10; 2) que en el país la población es fundamentalmente urbana, y 3) que ésta acumula alrededor de 27 millones de habitantes, salta a la vista que una gran parte de la ciudadanía está organizada en Consejos Comunales.

Los beneficios de este proceso en tan corto tiempo son numerosos; entre éstos, según Chirinos (2008), se destacan: 1) el avance, aunque no a la velocidad deseada, hacia una cultura de participación consciente de sus intereses colectivos; esto se expresa en las demandas cada vez mayores al Estado, para que dé respuesta a las necesidades de la comunidad; se enuncia también en la incorporación de los miembros de los Consejos Comunales al control social de las instituciones públicas y empresas que los afectan, 2) el interés de los miembros de los Consejos Comunales por capacitarse para llevar a cabo el ejercicio de la dirección y el control, evidente en la demanda de estrategias de capacitación en la materia, 3) el desarrollo de condiciones, para promover la economía social desde la base, es un beneficio que va mucho más allá de la creación de estrategias laborales: se avanza en la creación de una cultura de la cooperación y la solidaridad, 4) la politización de las comunidades, evidente en el interés por los grandes problemas del país, 5) conciencia sobre los derechos y los recursos disponibles para su defensa y 6) la demanda y aporte a la solución de la creación de condiciones materiales para el bienestar social. No podemos perder de vista que si bien los Consejos Comunales tienen poco tiempo de haber sido promovidos intensamente, articulan organizaciones que estaban dispersas y que en su mayoría venían trabajando desde fines de los años noventa (algunas antes), lo que significa que la estrategia de éstos ha potenciado el desarrollo de un proceso que estaba en curso.

Pero en la práctica se vislumbran problemas. Entre ellos se encuentra la corrupción; el avance en la conciencia ha facilitado la crítica, no sólo de la oposición, que es de esperarse, sino de las fuerzas que impulsan el proyecto. En el año 2007 la Comisión de Participación Ciudadana de la Asamblea Nacional recibió solicitudes de miembros de los Consejos Comunales, para que se crearan controles a estas organizaciones, debido a la malversación de fondos, además, en los medios alternativos cercanos al Gobierno es visible la denuncia de la corrupción en los Consejos Comunales.[9]

---

[9] Entre éstos se encuentra Aporrea.org (www.aporrea.org).

El escaso apoyo de la burocracia estatal es otro problema, pues dista mucho de cómo está formalmente previsto; con frecuencia los funcionarios de la Fundación para la Promoción y el Desarrollo del Poder Comunal (FUNDACOMUNAL), órgano del Gobierno responsable del registro de los Consejos Comunales, no hacen presencia cuando se les solicita. La falta de apoyo es bastante parecida en la mayor parte de las instituciones del Estado, los funcionarios no responden adecuadamente a las demandas de los Consejos Comunales. Tal situación ha favorecido la apatía en algunas de estas organizaciones, lo que se refleja en la negativa a participar en las Asambleas de Ciudadanos (García, 2008).

Uno de los problemas que rompe con la lógica de participación de los Consejos Comunales, es que quienes dirigen el Banco Comunal deciden, violando las disposiciones que le asignan los fallos a la Asamblea de Ciudadanos. La situación ha llegado a niveles tales, que en el imaginario colectivo Banco Comunal es igual a Consejo Comunal, en cuyo contexto no se activan las contralorías, ni la interna ni la social (Molero, 2008; García, 2008). La situación que prevalece lesiona profundamente el sistema de participación que formalmente se ha diseñado a través de los Consejos Comunales; convierte, de hecho, a muchas de estas organizaciones en distribuidoras de recursos a través de viejas prácticas de corrupción que amenazan la construcción de una democracia directa prevista para el desarrollo de entidades públicas de justicia y equidad social.

7. A modo de conclusión

Venezuela transita desde 1999 con el gobierno de Chávez, por la construcción de una democracia participativa en distintos ámbitos y procesos administrativos, en el marco de un proyecto de transformación en todos los órdenes, dirigido a mejorar la distribución del ingreso a favor de las mayorías sociales, excluidas en el marco de la democracia representativa. El avance hacia esta última se ha producido de modo importante y ha pasado por varios ensayos, en los que resaltan dos estrategias: 1) los Consejos Locales de Planificación Pública, que forman parte del gobierno municipal, en los cuales tienen mayoría los representantes de las organizaciones comunitarias, y 2) los Consejos Comunales, organizaciones profundamente democráticas, creadas para la articulación de diversas organizaciones sociales y para la gestión de políticas públicas, dirigidas por la Asamblea de Ciudadanos, que es un vinculante entre las comunidades y el aparato público, y que desplaza, en cierta forma, a los gobiernos subnacionales.

La ejecución del cuerpo normativo se ha distanciado de lo establecido formalmente: en los Consejos Locales de Planificación Pública han predominado las viejas prácticas clientelares y la resistencia de los gobernantes subnacionales, que han obstaculizado, bajo diversas formas, la participación, por lo cual el Gobierno propone y promueve la transferencia de poder a los

Consejos Comunales, cuestión que constituyó una demanda de los sectores afectados.

Con los Consejos Comunales se construye un sistema de participación directa en la sociedad, en el aparato estatal y en la economía social, pero existen evidencias de que se repite la historia del distanciamiento de la práctica con las reglas del juego establecidas formalmente. En este caso, la construcción de la democracia participativa y directa se ve afectada, por una parte debido a la cultura individualista y a la corrupción, ambas instaladas en la sociedad, y por otra, a causa del burocratismo de los funcionarios públicos, así como la existencia de un débil sistema de control que lo favorece y una contraloría social que apenas comienza a activarse.

Un gran enemigo del proyecto de transformación se localiza en la burocracia, que se halla repartida en dos modelos de política y gestión pública: el estilo populista clientelar, conformado a lo largo de la democracia representativa, y el estilo tecnocrático, que toma impulso con el advenimiento neoliberal. En los Consejos Comunales está la esperanza de una nueva dirección estatal, donde el funcionario vaya siendo desplazando por el ciudadano organizado, a fin de construir un proyecto auténticamente democrático, capaz de impulsar un país en el que la exclusión y los problemas sociales sean parte del pasado.

Bibliografía

Arconada, Santiago (2006), "Venezuela tiene alrededor de 2,100 Mesas Técnicas de Agua". En: www.radiomundored.fm Consulta realizada el 12 de abril de 2007.

Arenas, Nelly y Gómez Calcaño, Luis (2006), *Populismo autoritario: Venezuela 1999-2005*, Caracas: CENDES.

Asamblea Nacional (AN) (2002), *Ley de los Consejos Locales de Planificación Pública*, Caracas.

Asamblea Nacional (AN) (2006), *Ley de los Consejos Comunales*, Caracas.

Asamblea Nacional (AN) (2008), Descentralización y Desarrollo Regional. Informe Anual 2007, Caracas: Comisión Permanente de Participación Ciudadana.

Barrios Nieves, Froilán Alejandro (2006), Los Consejos Comunales y Caperucita Roja. En www.venezuelaanalitica.com. Consulta realizada en febrero de 2008.

Bobbio, Norberto (1996), *El futuro de la democracia*, México D.F.: Fondo de Cultura Económica.

Bowman Betsu y Stone, Bob (2006), "La revolución cooperativa de Venezuela", en: www.aporrea.org Consulta realizada en marzo de 2008.

Brewer-Carías, Allan R. (2007), Golpe de Estado y Proceso Constituyente en Venezuela. Quito: Editorial Goberna y Derecho Cía Ltda. Edición Pilar Maldonado Espinel. Segunda Edición.

Bronfman, Mario y Gleizer, Marcela (1994), "Participación comunitaria: necesidad, excusa o estrategia? O de qué hablamos cuando hablamos de participación comunitaria", mimeo.

Buxton, Julia (2003), "Política económica y ascenso de Hugo Chávez al poder", en Ellner, Steve y Hellinger, Daniel (Editores), *La Política Venezolana en la Época de Chávez*, Caracas: Nueva Sociedad.

Canto Sáens, Rodolfo (2000), "Políticas Públicas. Más allá del pluralismo y la participación ciudadana", *Gestión y Política Pública*. Vol. IX, Número 2, segundo semestre. México.

Chávez, Hugo (1999), Decreto de convocatoria a un referéndum para convocar a una Asamblea Constituyente. Caracas.

Consejo Nacional Electoral (CNE) (2008), Resultados de elecciones Presidenciales. En: www.cne.gov.ve . Consulta realizada en febrero de 2008.

COORDIPLAN (1999), Programa económico de transición 1999-2000. Caracas

Cunnill, Nuria (1991), *Participación Ciudadana*, Caracas: CLAD.

Nuria (2000), "Responsabilización por el control social", en *La Nueva Gestión Pública Latinoamericana*, Buenos Aires: CLAD, BID y EUDEBA.

D'Elia, Yolanda (Coordinadora) (2006), *Las Misiones Sociales en Venezuela. Una aproximación a su comprensión y análisis*, Carcas: ILDIS.

Denis, Roland (2002), "La Nueva ratio productiva. Propuesta de un modelo alternativo de desarrollo". *Revista Venezolana de Economía y Ciencias Sociales*, UCV.

Caracas.

De Matos, Carlos (1990), "La Descentralización ¿Una Nueva Panacea para impulsar el desarrollo local?", *Economía y sociedad*. Revista de Estudios Regionales de la Comunidad de Madrid. No. 3.

Chacón, Emilce (2008), "Bancos Comunales una nueva forma de hacer política". Entrevista a Margaut Godoy, Presidenta del Fondo de Desarrollo Microfinanciero. En: www.minci.gov.ve Consulta realizada en mayo de 2008.

El Troudi, Halman, Harnecker, Marta y Bonilla-Molina, Luis (2005), *Herramientas para la Participación*, Caracas: Impreso en Servi-k C. A.

García Guadilla, María Pilar (2003), "Sociedad Civil, institucionalismo, fragmentación, autonomía", en Steve Ellner y Daniel Hellinger (Editores), *La política venezolana en la época de Chávez*. Clases, polarización y conflicto, Caracas: Nueva Sociedad.

Lander, Edgardo (2004), "Venezuela: la búsqueda de un proyecto contrahegemónico", Transnacional Institute. En: www.tni.org. Consulta realizada en enero de 2008.

Lander, Luis E. (2006), "Insurrección de la Tecnocracia Petrolera en Venezuela", en Ochoa Henríquez, Haydée y Estévez, Alejandro M. (Coordinadores) *El Poder de los Expertos: Para comprender la tecnocracia*. Maracaibo: Centro de Estudios de la Empresa. Universidad del Zulia.

López Maya, Margarita (2003), "Hugo Chávez Frías:

Su movimiento y presidencia", en Steve Ellner y Daniel Hellinger (Editores), *La política venezolana en la época de Chávez. Clases, polarización y conflicto*, Caracas: Nueva Sociedad.

López Maya, Margarita (2007), "El poder Popular: ¿Autonomía o Cooptación?", en: www.aporrea.org. Consulta realizada en marzo de 2008.

Martín Romero, José Luis (s/f), "La participación en la economía. Algunas reflexiones para el debate", en: www.bibliotecavirtual.clacso.org.ar. Consulta realizada en diciembre de 2007.

Núñez, Paulino (2008), "Gatopardiano....y ProPieTal", en: www.soberania.org. Consulta realizada en mayo.

Norden, Deborah (2003), "La democracia en uniforme: Chávez y las fuerzas armadas", en Steve Ellner y Daniel Hellinger (Editores), *La política venezolana en la época de Chávez. Clases, polarización y conflicto*, Caracas: Nueva Sociedad.

Ochoa Henríquez, Haydée y Rodríguez, Isabel (2003), "Las Fuerzas Armadas en la Política Social de Venezuela", *Política y Cultura*. Otoño 2003 No. 20. Universidad Autónoma Metropolitana de-Xochimilco. México.

Ochoa Henríquez, Haydée (1995), *Tecnocracia y Empresas Pública en Venezuela*, Maracaibo: EDILUZ. Universidad del Zulia.

Ochoa Henríquez, Haydée; Henríquez, Deyanira; Montes de Oca, Yorberth y Boscán, Elizabeth (2006), "Necesidad de la Contraloría Social de las Gobernaciones Venezolanas", *Revista IAPEM*. Instituto de Administración Pública del Estado de México. No. 64. México.

Ochoa Henríquez, Haydée; Fuenmayor, Jennifer y Henríquez, Deyanira (2007), "De la Descentralización Territorial a la Descentralización Participativa en Venezuela", *Utopía y Praxis Latinoamericana*. Año 12 No. 36. Universidad del Zulia. Maracaibo. Venezuela.

Ochoa Henríquez, Haydée (2008a), "Venezuela en la búsqueda de un modelo alternativo de descentralización". Ponencia a presentar en Congreso de ALACIP en agosto. Costa Rica.

Ochoa Henríquez, Haydée (2008b), "Innovación de la Gestión Pública en Venezuela", *Enl@ce. Revista Venezolana de Información, Tecnología y Conocimiento*. Año 5, No. 1. Facultad Experimental de Ciencias. Universidad del Zulia. Maracaibo. Venezuela

Organización Panamericana de la Salud (OPS) (2006), *Derecho a la Salud e inclusión social en Venezuela*, Caracas: Oficina Regional de la Organización de la Salud. Barrio Adentro.

Pate Páez, Thomas J. (2006), "Re-dibujar el nuevo cooperativismo venezolano", en: www.aporrea.org. Consulta realizada en abril de 2008.

Pérez Martí, Felipe (2006), "Mis observaciones y propuestas". Documento en www.conexionsocial.org.ve Consulta realizada en abril de 2006.

Roberts, Kenneth (2003), "Polarización social y surgimiento del populismo en Venezuela", en Ellner, Steve y Hellinger, Daniel (Editores), *La política venezolana en la época de Chávez*, Caracas: Nueva Sociedad.

Santana Gómez (2006), "Datos de importancia para los Consejos Comunales", en: www.aporrea.org. Consulta realizada en diciembre de 2007.

Sartori, Giovanni (2007), *Teoría de la Democracia. 1. El Debate contemporáneo*, Madrid: Alianza Universidad.

Sistema Autónomo Hospital Universitario de Maracaibo (SAHUM) (2004), *Misión Barrio Adentro. Organización Comunitaria. Comités de Salud Integral*. Maracaibo. Venezuela.

Velásquez, David (2006), "2007 será el año de modificar la Constitución, el aparato del Estado y fortalecer el poder popular", en: www.aporrea.org. Consulta realizada en diciembre de 2007.

Velásquez, David (2007), "Consejos Comunales han sido una experiencia exitosa", en: www.aporrea.org. Consulta realizada en marzo de 2008.

Vilas, Carlos M. (2003), "¿Populismos reciclados o neoliberalismo a secas?. El mito del "neopopulismo" latinoamericano", *Revista Venezolana de Economía y Ciencias Sociales*. Vol. 9 No. 3, sept-dic. Facultad de Ciencias Económicas y Sociales. Universidad Central de Venezuela. Caracas.

Entrevistas

Chirinos, Emilio (2008). Investigador del Centro de Estudios de la Empresa, en organizaciones comunitarias y cooperativista. Entrevista realizada en enero.

García, Adriana (2008). Profesora de la Universidad Bolivariana de Venezuela en Proyectos de Desarrollo Comunitario. Entrevista realizada en febrero.

Molero, Estílita (2008). Profesora de la Universidad Bolivariana de Venezuela en Proyectos de Desarrollo Comunitario. Investigadora en Gestión de los Consejos Comunales. Entrevista realizada en febrero

Souki, Rafi (2008). Diputado a la Asamblea Nacional. Entrevista realizada en enero.

Comentarios al texto de Haydée Ochoa "Consejos comunales: política del gobierno de Chávez para avanzar en la democracia participativa en Venezuela"

Nelly Arenas*

Para presentar los comentarios al texto de Haydée Ochoa he creído conveniente dividirlos en dos partes: una primera relativa al marco contextual en el cual surge el gobierno del presidente Chávez, aspecto que es tratado con bastante detenimiento por parte de la autora, quien desarrolla algunas ideas que a mi juicio requieren discutirse, en particular las que se refieren a la descentralización venezolana; la otra, relativa al objetivo del trabajo propiamente, la participación. Sobre este último punto quiero adelantar que mis comentarios estarán siempre restringidos a la relación que establezco entre la participación como mecanismo que se supone "empodera" al demos, y los alcances que la misma tiene en un gobierno con rasgos marcadamente autoritarios como el de Hugo Chávez.

1. Con relación al contexto: descentralización y neoliberalismo

Buena parte de los cientistas sociales latinoamericanos, especialmente los herederos de la vieja escuela marxista, han dedicado sus mayores esfuerzos académicos a criticar las prácticas neoliberales que, a partir del Consenso de Washington, desarrollaron los gobiernos en el área. Pero una crítica que en principio era necesaria se

* Investigadora, CENDES-Universidad Central de Venezuela.

ha convertido en una suerte de demiurgo a partir del cual se explican todos los pesares de nuestros países. Más grave aún, la comprensión de procesos históricos y sus causales, los cuales demandarían exámenes más rigurosos, se dejan de lado ante el protagonismo que adquiere la crítica *per se* al neoliberalismo en el discurso académico. De este modo se ocultan condiciones históricas que están en la base de tales procesos, simplificando el análisis y limitando severamente su poder explicativo.

Ante la pérdida de norte teórico, agotada la capacidad analítica del marxismo y su teoría de clases, la crítica al neoliberalismo se ha convertido en una muleta perfecta que viene en auxilio de los desvalidos analistas, quienes reemplazaron en sus discursos conceptos como "burguesía" o "imperialismo" por "neoliberalismo". Esto ocurre con el fenómeno descentralizador, el cual se pretende entender sólo como una necesidad del paradigma neoliberal y, por lo tanto, execrable como aquél.

En el trabajo de Ochoa esta práctica se repite. La descentralización resulta una idea central para explicar algunas de las razones por las cuales en Venezuela no hubo verdadera participación de la población en los asuntos públicos, sino que se trataba de una descentralización territorial, apéndice de los procesos de neoliberalización de las economías latinoamericanas. Me ocuparé de contra-argumentar la idea de que la descentralización es un producto neoliberal sin más, pues reduce en extremo lo que de suyo es complejo y multivariable. El modo como la autora aborda este fenómeno merece, a nuestro juicio, introducir algunas precisiones con el espíritu de contribuir a una lectura más completa y menos etiquetada del mismo, que no sólo está presente en parte considerable de la comunidad académica, sino también en los líderes del gobierno. En efecto, el presidente Chávez ha llegado a sostener que la descentralización en Venezuela respondía a un "concepto imperialista" cuyo objetivo era "dividir al país en pedacitos."[10]

En primer lugar, es necesario llamar la atención sobre la cronología del proceso descentralizador, no sólo en Venezuela sino en América latina. No es cierto que la descentralización del Estado nació atada al neoliberalismo y, por el contrario, un organismo como el Fondo Monetario Internacional debió adscribirse a la fórmula descentralizadora a mitad de la década de 1990, instalada ya en el esquema de cambios políticos hacia los cuales se dirigía la región.[11]

En Venezuela, particularmente, las presiones por la constitución de un modelo de Estado descentralizado datan de los años 40 y responden al carácter federalista que ha signado las constituciones del país desde los inicios de su estructuración republicana. Esto significa, ni más ni menos, que el reconocimiento

---

[10]Disponible en www.aporrea.org, consultado el 2 de febrero de 2007.
[11]Ver Montero y Samuels (2004).

de realidades e intereses regionales son tan antiguos como la existencia del Estado-nación venezolano.[12] La Constitución de 1947, a pesar de su carácter centralista del poder, fincó las bases para una posible transferencia de competencias desde el Estado central hacia las gobernaciones y municipios. Del mismo modo, abrió las compuertas a una posible elección directa de gobernadores. Por su parte, la de 1961 preveía la elección directa de éstos.

Esta situación revelaba la presencia de dinámicas locales que, cada vez con mayor fuerza, pugnaban por hacerse visibles nacionalmente y acceder a la toma de decisiones marcada por su carácter extremadamente centralizado en todos los niveles de la vida social. Algunos datos ligados al quehacer gremial del empresariado venezolano, por ejemplo, pueden mostrarse como prueba: desde 1945 hasta 1960 el órgano cúpula que asocia desde el año 1944 a los capitanes de empresa del país, Fedecámaras, no discutió en sus asambleas anuales asuntos relacionados con la provincia. Sin embargo, para 1964 funciona por primera vez en su seno la Comisión de Asuntos Regionales y, tres años más

---

[12]Esta realidad no es exclusiva de Venezuela. Países como México, Argentina y Brasil, los cuales hicieron suyo el sistema federal desde sus comienzos a fin de sintetizar una forma de gobierno capaz de conjugar los intereses provinciales con los centrales, revelan que el federalismo encontró su punto de inicio, así como su fundamentación doctrinal, en la "provincialización del espacio político, social y económico", tal como ha observado Marcello Carmagnani (1993).

tarde, ese organismo posee un eje doctrinal ligado a la cuestión regional que se evidencia en la "Declaración de principios sobre desarrollo regional". En su convención de 1967, el gremio empresarial aprobó 79 resoluciones, de las cuales 35 fueron elevadas por cámaras de origen provincial. En adelante, estas cámaras introducirían sus propios temarios, que se constituirían en objeto de deliberación por parte del organismo. A partir de 1972, la nueva dinámica se evidenció en la estructura organizativa que adoptó Fedecámaras, al incorporar una subdirección de asuntos regionales y, poco tiempo después, la presencia de directores regionales en su directorio.

Pero estas nuevas dinámicas no sólo se hacían presentes en los espacios asociativos vinculados a las tareas productivas, también en los partidos políticos tenía lugar otro patrón de relacionamiento entre los liderazgos nacionales y locales, que mostraba a estos últimos menos sumisos y pasivos respecto de los primeros, lo cual generaba un fenómeno de "lealtad condicionada" de los líderes de provincia en sus vínculos con los centrales.

La novel dinámica debía tener su caja de resonancia en el Estado, lo que ciertamente ocurrió. Así, en 1972, durante el gobierno de Rafael Caldera, se inicia una política regional orgánica a partir de la creación de ocho regiones administrativas, coronando lo que desde principios de los años sesenta se había iniciado con el diseño de corporaciones regionales de desarrollo, encargadas de diseñar planes y proyectos económicos y urbanos para sus respectivas realidades. Para el año 1980 la administración descentralizada es un dato inequívoco en la actuación del poder público, y el Estado venezolano se ha visto ya en la necesidad de reconocer los poderes regionales y locales, además de redefinir la participación de los mismos en la estructura de poder nacional.[13]

La década de 1980 representaría un periodo histórico en el que el tema de las reivindicaciones provinciales y locales emergería con fuerza para no ocultarse hasta el presente. En primer lugar, a propósito de las elecciones presidenciales de 1983, varios candidatos introdujeron en la agenda la necesidad de descentralizar el poder, situación que se vivía por vez primera en el desempeño del sistema político venezolano contemporáneo. Inmediatamente después, a partir de la creación en 1984 de la Comisión Presidencial para la Reforma del Estado, COPRE, se comenzó a transitar un largo y tenso camino que condujo a la construcción de un consenso sociopolítico para aprobar las bases de la descentralización venezolana entre 1988 y 1989. Para ello, hubo de concretarse un acuerdo en el cual concursaron los partidos —principales actores del sistema político moderno—, el parlamento y la sociedad civil

---

[13]Estas referencias a las dinámicas locales, que se muestran como antecedentes a la formalización del proceso de descentralización en Venezuela, nos las brinda Carlos Mascareño (1987).

territorial, lo que facilitó imprimirle nuevas formas y contenidos a un Estado que había terminado amoldándose a los patrones centralizadores de los federalismos formales que cristalizaron en América latina en las primeras décadas del siglo XX. Así, el consenso por la descentralización se instaló en la sociedad venezolana cuando la crisis de la renta se agudizaba y obligaba a introducir políticas de ajuste severas que encontraron el rechazo violento de la población. En adelante, las rupturas y las brechas sociales marcaron el paso de los acomodos sociopolíticos de Venezuela, y ésa es la atmósfera en la cual debería desempeñarse la nueva reforma.[14]

Ciertamente, la apertura neoliberal coincide en el tiempo con un impulso a la descentralización, pero la misma no puede asimilarse mecánicamente a aquélla. De manera que este importante proceso no puede explicarse sólo recurriendo a la necesidad del impulso de acumulación de capital en el mundo, so pena de dejar por fuera elementos de orden sociopolítico e histórico que requieren una mirada mucho más atenta que dé cuenta de su complejidad.[15]

---

[14]Véase Carlos Mascareño (2004) para ampliar la visión histórico-política sobre este proceso.
[15]Para Von Haldenwang (1990) el problema de la escuela marxista, con respecto a las reformas descentralizadoras, es que ésta las asumía como respuestas reactivas a las transformaciones de la economía mundial, entendiéndolas como expresión de la lucha de clases. De esta manera, las determinantes propiamente políticas del fenómeno se pierden de

Sostiene Ochoa que la descentralización generó una escasa participación directa, lo cual la lleva a considerar que lo que se produjo fue una descentralización territorial del poder sin una distribución social del mismo.

De nuevo se pierde de vista la importancia política de la descentralización, si tomamos en cuenta que por primera vez en toda su historia, los ciudadanos tuvieron la posibilidad de elegir directamente sus gobernantes y, en consecuencia, hacerlos más próximos a sus necesidades y demandas. Esta reforma, que constituyó una ampliación y profundización del sistema democrático representativo, implicó también participación, si la entendemos como el resultado de un proceso incremental desarrollado por la sociedad en favor de la conquista de mayores derechos políticos. Debe tenerse en cuenta, además, que el propósito natural de la descentralización política y administrativa, donde quiera que ésta se lleve a cabo, persigue la distribución del poder desde una administración centralizada hacia diferentes niveles de gobierno lo cual, al lograrse, abre las puertas para la ampliación de los espacios democráticos de la sociedad. De hecho, si se revisara con detenimiento el desempeño de la descentralización venezolana antes del actual gobierno, es fácil percatarse de la aparición progresiva de centenas de nuevas prácticas participativas alrededor de los servicios de

---

vista en atención a lo económico exclusivamente.

salud, de vivienda, educación y de asuntos vecinales por nombrar sólo las más importantes; prácticas a partir de las cuales la sociedad civil organizada amplió sus fronteras de acción sin ataduras al poder central. Esta realidad, evidentemente, contrasta con las prácticas del gobierno chavista que, finalmente, termina sujetando a los Consejos Comunales a los designios, ya no sólo del poder central sino de la oficina del Presidente, lo que es signo revelador de su carácter autoritario, como se insistirá más adelante.

2. Autoritarismo y participación

Ochoa comparte la idea de que "algunas políticas no pueden ser definidas en la arena del pluralismo, el ajuste partidario mutuo o la participación directa de los ciudadanos", para justificar la ausencia de consulta por parte del presidente Chávez en la promulgación de las 49 leyes que en el año 2001 desataron los demonios de la ingobernabilidad en Venezuela. La autora sostiene que los proyectos de ley fueron consultados sí, pero sólo con los sectores afectados históricamente. Esta postura amerita mayores y más agudas fundamentaciones, sobre todo proviniendo, como proviene, de una voz académica que se alinea con la democracia directa y participativa. En este punto surgen las preguntas: ¿en ese caso sí es válida la democracia representativa? ¿Quién define cuáles son los temas que se reserva a los representantes y cuáles no? ¿Hasta dónde, entonces, llega la democracia directa? Si para concretar 49 leyes cruciales para la vida del país en su totalidad sólo se consulta a una sola parte, ¿de qué democracia estamos hablando? ¿Puede la sociedad aceptar pasivamente que un paquete de leyes se le imponga en nombre de lo que sea?

Imponer leyes no es sino expresión de autoritarismo. Y la tesis del autoritarismo chavista no es una tesis peregrina. Se sostiene no sólo en la alta concentración de poder que exhibe el Presidente al controlar todos los órganos del poder público, como hemos mostrado en nuestro documento, sino también, y gracias a ello, en las acciones que despliega el régimen con el fin de castigar toda disidencia, no sólo la que pueda producirse fuera de sus propios marcos sino también dentro de ellos, como bien lo saben aquellos que, aun militando en las filas del chavismo, son execrados por atreverse a diferenciarse o criticar algunas de sus prácticas. El resultado: una sensible disminución de los márgenes de acción política por parte de quienes asumen posturas adversas al régimen.

A pesar de que las tipologías siempre son menos ricas que la realidad y por tanto corren el riesgo de simplificarla, nos son útiles para aproximarnos a los objetos que están en nuestro interés de conocimiento. Un ejercicio de caracterización del régimen presidido por Hugo Chávez nos resulta útil para identificarlo mejor. La participación no es un elemento que se geste y desarrolle en abstracto: su análisis cobra sentido si la inscribimos en el tipo de sistema donde se despliega. Juan Linz ha propuesto en sus trabajos una tipología (quizá la más aceptada y conocida dentro de la comunidad académica) sobre regímenes modernos no democráticos, entre los que se cuentan los autoritarios. Un contraste entre aquella tipología y el régimen de Chávez permite concluir que buena parte de las características que identifican Linz y Stepan (1996) en los autoritarismos se replican en éste. Los autores distinguen cuatro vertientes en los sistemas autoritarios: pluralismo limitado, ausencia de ideología compleja, sistema político sin movilización política extensiva o intensiva, liderazgo político ejercido dentro de límites formales mal definidos aunque bastante predecibles. Por razones de espacio no podemos explayarnos en estos puntos, pero en un esfuerzo de resumen podríamos decir, en primer lugar, que un "pluralismo político limitado", en razón del cual no todos los actores gozan de la mismas garantías y derechos, es lo que hemos presenciado en Venezuela con respecto a los factores opositores (en vez de oposición, Linz habla de "semioposición" en virtud, precisamente, de las limitaciones de los sectores opuestos para actuar conforme a los principios de la democracia).

En segundo lugar, en el terreno ideológico no se encuentra una elaborada y articulada ideología, y la justificación del sistema, en lo que a esta dimensión corresponde, se produce más bien a partir de valores generales ambiguos, útiles para fraguar acuerdos simbólicos a su alrededor. Tal es el caso del bolivarianismo, del cual se ha valido el régimen, aprovechando la importancia que el culto al libertador ha tenido en la historia del país, exacerbándolo hasta extremos paroxísticos a fin de legitimar su ideario y acciones, incluso las más amorfas y nebulosas, como la del socialismo del siglo XXI.

En tercer lugar, en el plano de la movilización puede decirse que ésta, como asientan Linz y Stepan (1996), no es ni extensiva ni intensiva, exceptuando algunos puntos de su desarrollo. En todo caso, ha sido controlada desde arriba, sujeta siempre a los móviles que dicta la cúpula de gobierno. Finalmente, en lo que se refiere al liderazgo en ejercicio de gobierno, en el chavismo el líder imprime una extrema personalización del poder, cuya estructura normativa ha sido usada discrecionalmente por las respectivas autoridades. A pesar de que la Constitución fue obra del chavismo, se ha ido tejiendo a lo largo de estos años una normativa que pretende amoldar la ley a los particulares designios del proyecto "revolucionario" en numerosas oportunidades, en desmedro del propio texto mayor. Violarla, no obstante, ha sido la acción más común.

En el último caso se inscribe la práctica de las inhabilitaciones políticas, que presenciamos en estos meses previos a las elecciones de gobernadores y alcaldes. En efecto, contrariando el mandato de la Constitución de la República, que impide optar a cargos de elección popular a quienes hayan sido "condenados" por delitos cometidos en el transcurso del ejercicio de sus funciones, el contralor nacional ha inhabilitado a un grupo de funcionarios públicos en su mayoría (más del 80 por ciento) de oposición.[16] Ninguno de ellos ha sido sometido a juicio y, en consecuencia, no han podido defenderse en los tribunales de lo que se les acusa. Se violenta de nuevo el texto magno cuando se invalida su artículo 49, numeral 2, el cual señala: "Toda persona se presume inocente mientras no se pruebe lo contrario". De manera que la medida pone en evidencia la jugada oficial destinada a anular políticamente a algunos de ellos con reales posibilidades de ser electos para ocupar los cargos en cuestión.[17]

---

[16]No se puede perder de vista que la oposición apenas ejerce gobierno en unas 35 alcaldías, de un número de 335, y dos gobernaciones en un total de 23, lo cual subraya con más fuerza la intención política oficialista de eliminarlos como futuros contendores. El propio Presidente Chávez se encarga de corroborar la tesis cuando ha apoyado abiertamente las acciones de la contraloría: "[...] al Contralor General de la República para él un apoyo especial porque ahora estamos luchando contra la corrupción. Ahora el contralor toma decisiones cumpliendo la ley contra la corrupción, entonces atacan. No volverán a gobernar este país más nunca". [Cursivas nuestras]. Disponible en www.elobservador.rctv.net/noticias, consultado el 25 de junio de 2008.

[17]Está claro que lo que el chavismo se juega en estas elecciones es el futuro del proyecto, ya seriamente averiado con los resultados del referéndum del 2 de diciembre de 2007. No por otra razón Chávez personaliza el evento comicial, al amenazar con una guerra civil si la población se atreve a votar por los candidatos de oposición a alcaldías y gobernaciones. "Vienen por mí", ha dicho reiteradamente.

Esta conducta del régimen nos coloca ante el fenómeno conocido como autoritarismo competitivo o autoritarismo electoral. Los regímenes autoritarios, según Schedler (2004), "ni practican la democracia ni recurren regularmente a la represión abierta". Celebran consultas electorales periódicas intentando hacerse de una fachada de legitimidad democrática y buscando satisfacer tanto a los actores de afuera como a los de adentro. En paralelo, colocan las elecciones bajo estrictos controles autoritarios con el objeto de garantizar su permanencia en el poder. Indica Schedler (2004: 118): "Su sueño es cosechar los frutos de la legitimidad electoral sin correr los riesgos de la incertidumbre democrática. Buscando un equilibrio entre el control electoral y la credibilidad democrática, se sitúan en una zona nebulosa de ambivalencia estructural".

Siguiendo los criterios sobre los que Robert Dahl sustenta sus planteamientos en torno a la poliarquía, Shedler construye lo que denomina cadena metafórica de elección democrática, cuyos eslabones aseguran el cumplimiento de elecciones verdaderamente justas y transparentes. Si la cadena se rompe en alguno de sus eslabones —señala— "los comicios no se vuelven menos democráticos; se vuelven no democráticos" (Shedler, 2004: 142-143).

Uno de esos eslabones, el que tiene que ver con el rango de alternativas de libertad de la oferta política al electorado, puede ser violado por las autoridades en el ejercicio del poder, al excluir el acceso de la oposición a la arena electoral a partir, por ejemplo, del diseño de instrumentos legales a la medida de tales propósitos, sostiene Schedler.

Es exactamente esto lo que pasa en Venezuela,[18] y queda demostrado con el asunto de las inhabilitaciones. Con ellas, en caso de que el gobierno haga caso omiso de las presiones que parte de nuestra sociedad despliega en estos días, cuando estas líneas son escritas, a fin de revertirlas, se rebaja sensiblemente el derecho de elegir y ser elegido, principio básico de todo sistema democrático. Una expresión del pluralismo político limitado que caracteriza a los autoritarismos se materializa en mecanismos como el que nos ocupa.

Imbricada a prácticas autoritarias como ésta, no es difícil distinguir una vocación totalitaria que se desliza en la actuación del régimen con muy poco recato la mayoría de las veces. Si estamos de acuerdo en que "la ideología totalitaria es un núcleo de proyecto de transformación total de la realidad social", como ha indicado Fisichella (1995), la idea de crear un "hombre nuevo" a partir de lo que el presidente Chávez llama socialismo del siglo XXI, apunta hacia allá.[19] En

---

[18]Mecanismos que violan la cadena democrática han sido utilizados en el pasado tanto prechavista como chavista. Nos dedicamos en esta oportunidad a éste porque la coyuntura exige su abordaje pero, sobre todo, porque ha sido una de las estrategias más abiertamente manipuladoras y atrevidas a la cual gobierno alguno haya recurrido.

[19]No se trata de actos declarativos solamente. Se ha intentado materializar esta vocación en distintos espacios de la socie-

atención a las reacciones negativas de una parte de la sociedad que se resiste y del contrapeso que impone el escenario internacional, quizá podríamos hablar de la existencia de una suerte de "totalitarismo imperfecto" para acercarnos más precisamente a una caracterización del régimen. Según Linz (1975), un totalitarismo imperfecto constituye una fase transitoria de un sistema político cuyo despliegue hacia el totalitarismo ha sido detenido, y tiende, por consiguiente a convertirse en algún otro tipo de régimen autoritario.

Llegados a este punto, no nos queda sino repetirnos la pregunta que nos hemos hecho en el documento central, ¿qué significa participar en un contexto como éste y, sobre todo, cuáles son los alcances de un tipo de participación signada por condiciones como las que se han descrito?

Para Ochoa los Consejos Comunales constituyen un "salto en la política de participación" hacia la "construcción de la democracia participativa y del poder popular", lo que desestima el control que el Ejecutivo ejerce sobre estas formas y minimiza el hecho de que la ley que los rige ni siquiera fuera sometida a consulta.

---

dad, muy particularmente en el educativo. No obstante, las respuestas aquélla no se han hecho esperar, limitando cada vez más el radio de acción de dichos intentos. Así ocurrió, por ejemplo, con el "currículo bolivariano", diseñado por el Gobierno para ser aplicado a la escuela básica y secundaria, y que es portador de nuevos contenidos educativos cargados de una valoración del proceso chavista y del modelo de sociedad que éste pretende.

Tal como se vienen perfilando, sostiene Ochoa, estas figuras "constituyen el germen de un nuevo Estado en construcción, que desplaza a los sectores tradicionales del poder y va incorporando a los sectores excluidos de éste". Ante estas afirmaciones nos preguntamos: ¿pueden estas unidades, cuya actuación no trasciende los espacios locales, configurar un nuevo tipo de Estado? Y si pudieran: ¿qué tipo de Estado es ese que se configuraría? ¿No estaríamos acaso en presencia de una forma de Estado corporativo, uno de cuyos brazos sería la sociedad organizada sacrificada en su autonomía? ¿A cuáles sectores de poder desplazaría? ¿A aquellos que dimanan de las alcaldías y gobernaciones? De ser así, el poder Ejecutivo sería único e incontestable, sin mediaciones institucionales de ningún tipo. ¿Abonaría esto el camino hacia una democracia más participativa? No lo creemos; la clave de la democracia no está en la restricción de los espacios de poder sino en la ampliación y horizontalización de los mismos. La verticalización es *per se* contraria a la democracia.

No quisiéramos finalizar estos comentarios sin antes llamar la atención sobre los frecuentes desplazamientos y reemplazos que el presidente Chávez ha hecho en el tiempo de sus ensayos organizativos y participativos.[20] A juzgar por ellos, no deberíamos descartar

---

[20]El más reciente ha sido el de las cooperativas. Después de ofrecer esta modalidad como el supremun de la democratización económica, diseñar una nueva legislación y movi-

que también abandone el de los Consejos Comunales, si éste no apunta hacia el ideal romántico de sociedad socialista que él se ha prefigurado.

En cualquier caso, insistimos en que la "democracia participativa" es una quimera en sociedades dominadas por regímenes autoritarios como el de Hugo Chávez. Ella no traspasará los estrechos límites territoriales y podrá ser, por el contrario, funcional a estas formas de ejercicio del poder, como adelantamos en nuestro papel de trabajo.

---

lizar grandes recursos en esa dirección, Chávez llega a la conclusión de que "[...] no son socialismo, son instrumento del propio capitalismo", y a un grupo de cooperativistas que entusiasmados le presentaban sus logros en un acto público les ha dicho: "Deberíamos con ustedes discutir los modelos, porque sin darse cuenta podrían estar reproduciendo el modelo que queremos ir desplazando" (El Universal, 21-07-2008: 1-2).

Bibliografía

Mascareño, Carlos (1987), "La desagregación territorial del poder en Venezuela en las últimas dos décadas", Caracas. Mimeo.

Mascareño, Carlos (2004), "Consenso político para descentralizar el federalismo centralizado venezolano", *Politeia*, Nº 32-33, Instituto de Estudios Políticos, Universidad Central de Venezuela. Págs.113-169.

Von Haldenwang, Christian (1990), "Hacia un concepto politológico de la descentralización del estado en América Latina", *EURE*, Vol. XVI, N° 50.

Linz, Juan y Stepan, Alfred (1996), *Problems of democratic transition and consolidation*, Baltimore (Maryland): The Johns Hopkins University Press.

Montero, Alfred y Samuels, David (2004), "The political determinants of decentralization in Latin America. Causes and consequences" in Alfred Montero and David J. Samuels (Eds.) *Decentralization and Democracy in Latin America*, Notre Dame: University of Notre Dame Press. Págs. 3-32.

Carmagnani, Marcello (1993), *Federalismos latinoamericanos: México, Brasil Argentina*, México D.F.: Fondo de Cultura Económica.

Schedler, Andreas (2004), "Elecciones sin democracia. El menú de la manipulación electoral", *Estudios Políticos*, número 24, enero-junio, págs. 137-156.

Fisichella, D. (1995), "Los autoritarismos" en Leonardo Morlino (2005) *Manual de Ciencia Política*, Madrid:

Alianza Universidad.

Linz, Juan (1975), "Totalitarian and authoritarian regimes" en F. I. Greenstein and N. W. Polsby (Comps.), *Handbook of Political Science Reading*: Boston (Mass.): Addison-Wesley.

Sobre los autores y editores.

Nelly Arenas. Socióloga, con magister en Historia de América Contemporánea y Ph.D. en Ciencias, mención Ciencias Políticas (Universidad Central de Venezuela). Actualmente profesora-investigadora del CENDES-UCV, con categoría asociado y coordinadora del Doctorado de este instituto. Miembro del Comité Académico de la maestría de Historia de América Contemporánea de la cual es docente regular. Dicta la materia Análisis Sociopolítico de Venezuela, en el marco de los postgrados que dicta el CENDES. Directora de la revista Cuadernos del CENDES entre 1999 y 2004. Líneas de investigación en el pasado reciente: Globalización e identidad. Visiones sobre la cuestión petrolera en Venezuela. Línea de investigación actual: Desarrollo Sociopolítico de Venezuela con énfasis en la transición sociopolítica que vive el país desde 1998 hasta hoy. En esta línea se ha trabajado: a) la dimensión populista del gobierno del Presidente Chávez. b) Los Círculos Bolivarianos como mitología de unidad del pueblo. c) los problemas de gobernabilidad que ha confrontado la sociedad venezolana en los últimos años. d) el empresariado y las transformaciones del corporativismo en Venezuela.

Dante Avaro. Economista y Doctor en Filosofía. Es argentino y desde hace algunos años reside en México. Es miembro del Sistema Nacional de Investigadores

Nivel I. Profesor Titular C en la Universidad Autónoma de Baja California. Sus últimos libros son: *La maldición de Adam Smith*, Buenos Aires, Libros del Zorzal, 2003. *Leña podrida y papeles mojados*, Buenos Aires, Teseo, 2006. *Los límites morales al gasto público*, Buenos Aires, Teseo, 2007. Compilador de *Derrumbando un mito. Instituciones exitosas en Latinoamérica contemporánea*, México DF: Distribuendum y FLACSO-Uruguay.

Haydée Ochoa Henríquez. Licenciada en Administración, Maestría en Empresas Públicas y Doctorado en Estudios del Desarrollo en el CENDES – Universidad Central de Venezuela (UCV). Actualmente investigadora emérita de la Universidad del Zulia (LUZ), en el Centro de Estudios de la Empresa, responsable del programa de investigación: Política y Gestión Pública en Venezuela. Coordina Investigación y Estudios Avanzados en la sede Zulia de la Universidad Bolivariana de Venezuela (UBV) y es miembro del directorio del Fondo Nacional de Ciencia y Tecnología (FONACIT). Es investigadora reconocida en el Programa de Promoción al Investigador (PPI), nivel IV, con más de cincuenta publicaciones en revistas, libros y capítulos de libros. El trabajo de investigación y de docencia se ha centrado en el estudio de la administración pública, en particular los siguientes temas: tecnocracia, empresas públicas, descentralización, participación ciudadana, modelos de gestión pública y el estudio particular de la gestión pública en algunos sectores. Tutora de 43 tesis de grado, maestría y doctorado, concluidas. Participación en el diseño y la conducción de varios programas de maestría y doctorado. Directora en LUZ de la *Revista Venezolana de Gerencia* desde su creación en 1996 hasta 2005. Autora o coautora de 83 ponencias presentadas en eventos nacionales o internacionales. Conferencista por invitación en 40 eventos nacionales o internacionales.

Daniel Vázquez Valencia. Doctor en Ciencias Sociales por la FLACSO-México, maestro en Sociología Política por el Instituto Mora y licenciado en derecho y en Ciencia Política y Administración Pública en ambos casos por la UNAM. Actualmente coordina la Maestría en Derechos Humanos y Democracia en FLACSO-México donde es profesor investigador de tiempo completo. Asimismo es miembro del Seminario Thomas Hobbes cuya sede se encuentra en el ITAM y en el Seminario Buen Gobierno, Populismo y Justicia Social que se desenvuelve en FLACSO. Ha participado en diversas investigaciones sobre VIH/SIDA y derechos humanos en América Latina, en la elaboración del Diagnóstico y Programa de Derechos Humanos del DF y en un mapeo de instituciones de investigación sobre democracia en México. Entre los temas de investigación que trabaja sobresalen: la relación entre la democracia y los derechos humanos; y los grupos de poder y las restricciones en la toma de decisiones gubernamentales en los regímenes democráticos.